O REGIME JURÍDICO DOS DESPEDIMENTOS
UMA ABORDAGEM PRÁTICA

Paula Quintas

Obras publicadas:
- "Prática (Da) Laboral à Luz do Novo Código do Trabalho", Almedina, 2006, 3.ª ed., em co-autoria.
- "Regime (O) Jurídico dos Despedimentos", Almedina, 2005, em co-autoria.
- "Regulamentação do Código do Trabalho", Almedina, 2006, 3.ª ed., em co-autoria.
- "Código do Trabalho Anotado e Comentado", Almedina, 2005, 4.ª ed., em co-autoria.
- "Direito do Turismo", Almedina, 2003.
- "Legislação Turística", 2.ª ed., Almedina, 2002.
- "Problemática (Da) do Efeito Directo nas Directivas Comunitárias", *Dixit*, 2000.
- "Regime Jurídico dos Títulos de Crédito – Compilação anotada com Jurisprudência", Almedina, 2000, em co-autoria.
- "Legislação Turística Comentada e Anotada", Almedina, 2000.
- "Direito do Consumidor e Tutela de Outros Agentes Económicos", Almeida & Leitão, Lda., 1998.

Artigos publicados:
- "A *dificultosa* transposição da Directiva 98/59/CE, do Conselho, de 20 de Julho de 1998 (despedimentos colectivos)", *Scientia Iuridica*, n.º 302.
- "A precariedade dentro da precariedade ou a demanda dos trabalhadores à procura de primeiro emprego", Questões Laborais, n.º 24.
- "A directiva n.º 80/987 (quanto à aproximação das legislações dos Estados--membros respeitantes à protecção dos trabalhadores assalariados em caso de insolvência do empregador) – o antes e o depois de *Francovich*", Questões Laborais, n.º 16.
- "A *preversidade* da tutela indemnizatória do art. 443.º do CT – a desigualdade e iguais (breve reflexão)", PDT, n.º 71, CEJ.
- "A utilidade turística – a urgência de uma actualização", RPDC, n.º 46.

Artigos no prelo:
- "O contrato a termo na A.P. – um regime de desfavor".

Helder Quintas
- "Prática (Da) Laboral à Luz do Novo Código do Trabalho", Almedina, 2006, 3.ª ed., em co-autoria.
- "Regime (O) Jurídico dos Despedimentos", Almedina, 2005, em co-autoria.
- "Regulamentação do Código do Trabalho", Almedina, 2006, 3.ª ed., em co-autoria.
- "Código do Trabalho Anotado e Comentado", Almedina, 2005, 4.ª ed., em co-autoria.
- "Direito dos Transportes – Legislação Nacional, Internacional e Comunitária: Jurisprudência Nacional e Comunitária", Almedina, 2002, em co-autoria.
- "Regime Jurídico dos Títulos de Crédito – Compilação Anotada com Jurisprudência", Almedina, 2000, em co-autoria.

PAULA QUINTAS
ADVOGADA
PÓS-GRADUADA EM ESTUDOS EUROPEUS
MESTRE EM DIREITO COMUNITÁRIO
PROFESSORA DO ENSINO SUPERIOR

HELDER QUINTAS
ADVOGADO

O REGIME JURÍDICO DOS DESPEDIMENTOS
UMA ABORDAGEM PRÁTICA

REIMPRESSÃO

O REGIME JURÍDICO DOS DESPEDIMENTOS
UMA ABORDAGEM PRÁTICA

AUTORES
PAULA QUINTAS
HELDER QUINTAS

EDITOR
EDIÇÕES ALMEDINA, SA
Rua da Estrela, n.º 6
3000-161 Coimbra
Tel.: 239 851 904
Fax: 239 851 901
www.almedina.net
editora@almedina.net

PRÉ-IMPRESSÃO • IMPRESSÃO • ACABAMENTO
G.C. – GRÁFICA DE COIMBRA, LDA.
Palheira – Assafarge
3001-453 Coimbra
producao@graficadecoimbra.pt

Janeiro, 2007

DEPÓSITO LEGAL
235877/05

Os dados e as opiniões inseridos na presente publicação
são da exclusiva responsabilidade do(s) seu(s) autor(es).

Toda a reprodução desta obra, por fotocópia ou outro qualquer processo,
sem prévia autorização escrita do Editor,
é ilícita e passível de procedimento judicial contra o infractor.

PREFÁCIO

Apresenta-se agora uma nova edição actualizada da presente obra que, em tudo, mantém a sua estrutura manualística.
Desejamos sentidamente que ela logre cumprir essa finalidade.

Grijó, 24 de Novembro de 2006

GLOSSÁRIO

AAFDL (Associação Académica da Faculdade de Direito de Lisboa)
Ac. (Acórdão)
ADSTA (Acórdãos Doutrinais do Supremo Tribunal Administrativo)
BMJ (Boletim do Ministério da Justiça)
CC (Código Civil, aprovado pelo Decreto-Lei n.º 47 344, de 25 de Novembro de 1966)
CE (Comunidade Europeia)
CEJ (Centro de Estudos Judiciários)
CJ (Colectânea de Jurisprudência)
CJTJ (Colectânea de Justiça do Tribunal de Justiça da Comunidade Europeia)
CNDT (Congresso Nacional de Direito do Trabalho)
CPC (Código de Processo Civil, aprovado pelo Decreto-Lei n.º 44 129 de 28 de Dezembro de 1961)
CPT (Código de Processo do Trabalho, aprovado pelo Decreto-Lei n.º 480/99, de 09 de Novembro)
CRP (Constituição da República Portuguesa, de 02 de Abril de 1975)
CT (Código do Trabalho, aprovado pela Lei n.º 99/2003, de 27 de Agosto)
DR (Diário da República)
EIDT (Estudos do Instituto de Direito do Trabalho)
IGT (Inspecção Geral do Trabalho)
JOC (Jornal Oficial das Comunidades Europeias)
LCCT (Regime Jurídico da Cessação do Contrato de Trabalho, aprovado pelo Decreto-Lei n.º 64-A/89, de 27 de Fevereiro)
LCT (Regime Jurídico do Contrato Individual de Trabalho, aprovado Pelo Decreto-Lei n.º 49 408, de 24 de Novembro de 1969)
LFFF (Regime Jurídico das Férias, Feriados e Faltas, aprovado pelo Decreto-Lei n.º 874/76, de 28 de Dezembro)
PDT (Prontuário de Direito do Trabalho)
QL (Questões Laborais)

RC	(Relação de Coimbra)
RCT	(Regulamentação do Código do Trabalho, aprovada pela Lei n.º 35/2003, de 29 de Julho)
RDES	(Revista de Direito e de Estudos Sociais)
RE	(Relação de Évora)
RL	(Relação de Lisboa)
RP	(Relação do Porto)
STJ	(Supremo Tribunal de Justiça)
TC	(Tribunal Constitucional)
TJC	(Tribunal de Justiça das Comunidades Europeias)
UE	(União Europeia)

1. **Causas extintivas do contrato de trabalho**

O art. 384.º, do CT apresenta como causas de cessação do contrato de trabalho:
- a **caducidade** (al. *a*));
- a **revogação** (al. *b*));
- a **resolução** (al. *c*)) e
- a **denúncia** (al. *d*)).

As anteriormente denominadas rescisões com aviso prévio correspondem hoje à denúncia e as rescisões com justa causa à resolução. Dentro da resolução, como veremos de seguida, enquadram-se ainda os despedimentos imputáveis ao trabalhador (anteriormente considerados despedimento com justa causa), e os despedimentos colectivos, por extinção de posto de trabalho e por inadaptação.

A figura da rescisão contratual deixou de vigorar no direito do trabalho.

2. **A caducidade**

Nos termos do art. 387.º, do CT (a exemplo do art. 4.º, da LCCT), a caducidade contempla a verificação do termo contratual (al. *a*)); os casos de impossibilidade superveniente, absoluta e definitiva de o trabalhador *prestar* trabalho[1] ou de o empregador

---

[1] **Jurisprudência:**
I – Tendo a entidade patronal, para fazer extinguir o contrato de trabalho por caducidade, invocado dois fundamentos, em carta dirigida ao trabalhador, um, principal – crime negligente – e o outro, secundário – inexistência de condições físicas para o

o *receber*[2] (al. *b*)) e a reforma do trabalhador, por velhice ou invalidez (al. *c*)).

A impossibilidade prestacional *do trabalhador* é especificamente tratada no caso de reforma [em particular, na reforma por invalidez, dado que no caso de reforma por velhice tratar-se-á mais de uma ausência de vontade prestacional (art. 387.º, al. *c*), do CT)].

A impossibilidade prestacional *do empregador* é, por sua vez, especificamente tratada no caso de morte do mesmo[3] e extinção ou

---

exercício das funções de vigilante – desaparecido o primeiro, por irrelevante, a caducidade do contrato pode operar-se por força do segundo.

II – A circunstância de não referir, taxativamente, em relação ao segundo fundamento, a declaração de proceder à rescisão do contrato é irrelevante, dado por interpretação do conteúdo da carta, concluir-se que era intenção da entidade patronal fazer operar a caducidade «ab initio», concernente aos dois fundamentos.

III – Porém, para que se verifique a caducidade do contrato de trabalho é necessário que se esteja perante uma impossibilidade superveniente, absoluta e definitiva.

IV – Encontra-se nesta situação, o trabalhador, que no decurso do cumprimento do contrato, passou a sofrer de doença – esclerose múltipla – diagnosticada posteriormente, e, portanto, suuperveniente, que o impede fisicamente de exercer as suas funções de vigilante, de modo absoluto e definitivo, dado tratar-se de doença progressiva e irreversível, que lhe acarreta uma incapacidade absoluta para o trabalho habitual.

V – Não possuindo a Ré outras funções ou posto de trabalho compatível com a sua condição física, o contrato extinguiu-se por caducidade.

(Ac. RL, de 17.01.2005, CJ, Ano XXX, Tomo I, p. 229).

[2] **Jurisprudência:**

I – Havendo cessação duma adjudicação municipal de serviços de recolha de lixos feita a uma empresa de limpeza, não ocorre a caducidade do contrato de trabalho dum trabalhador que executava tarefas no âmbito de tais serviços, por conta dessa empresa.

II – A declaração de caducidade do contrato dirigida a esse trabalhador, num tal contexto, equivale a um despedimento ilícito.

(Ac. RC, de 21.04.2005, CJ, Ano XXX, Tomo II, p. 58)

[3] **Jurisprudência:**

I – A morte do empregador em nome individual faz caducar os contratos de trabalho.

II – Essa caducidade não se verifica se os sucessores do falecido continuarem a actividade para a qual o trabalhador fora contratado, ou verificando-se a transmissão do estabelecimento do falecido.

III – Para que se verifique a transmissão do estabelecimento é necessário que este conserve a sua identidade e a prossecução ininterrupta da sua actividade.

IV – Tal transmissão não se verifica se o estabelecimento continua só para se fazer o levantamento do estado em que ele se encontra.

(Ac. RL, de 19.01.2005, CJ, Ano XXX, Tomo I, p. 149).

encerramento da empresa (art. 390.º, do CT) e no caso de insolvência e recuperação de empresa (art. 391.º, do CT).

Outras situações de impossibilidade de recebimento de trabalho não possuem norma resolutiva própria, determinando apenas a caducidade contratual.

3. A revogação

Dispõe o art. 393.º, do CT, que as partes podem fazer cessar o contrato de trabalho por acordo. Trata-se da única modalidade de cessação que legalmente enquadra a liberdade de celebração e de desvinculação contratual, dominante na lei civil.

Acima de tudo, por uma questão probatória, o n.º 1, do art. 394.º, do CT, obriga à redução a escrito do contrato de cessação e à entrega a cada uma das partes de um exemplar do contrato.

De molde a evitar (ou atenuar) que o empregador desvirtue a razão-de-ser deste tipo de cessação, o n.º 2 obriga à indicação da data de celebração do acordo de cessação e da produção dos respectivos efeitos.

No acordo revogatório as partes podem fixar uma compensação pecuniária global, presumindo-se[4] que contempla todos os montantes devidos ao trabalhador (art. 394.º, n.º 4, do CT)[5].

Do acordo de cessação poderão constar outros efeitos constitutivos (*v.g.*, pacto de não-concorrência) ou extintivos (*v.g.*, caducidade de contrato de arrendamento).

---

[4] Sobre a interpretação deste preceito, no que concerne à natureza da presunção legal, v. ROMANO MARTINEZ e outros, "Código do Trabalho Anotado", 2ª ed., p. 579 e MONTEIRO FERNANDES, "Direito do Trabalho", 12ª ed., p. 523.

[5] **Jurisprudência:**
I – *Tendo havido revogação do contrato de trabalho por acordo das partes, a trabalhadora não tem direito à «indemnização de antiguidade» se nada consta a esse respeito no documento onde está vertido aquele acordo.*
II – *O facto de posteriormente a entidade empregadora ter proposto à trabalhadora pagar-lhe 20% dessa indemnização, o que esta aceitou, nenhuma relevância pode ter quanto à existência daquele pretendido direito.*
(Ac. RC, de 18.11.2004, CJ, Ano XXIX, Tomo V, p. 60).

Conforme já decorria da lei anterior, o trabalhador mantém o *direito ao arrependimento* do acordo revogatório celebrado (art. 395.º, do CT).

De assinalar, a título de regime comparado, a alteração do *prazo de cessação*, bem como a *contagem* do mesmo. Releva-se, ainda, a abolição da intervenção do Inspector do Trabalho.

4. A denúncia

Conforme resulta do n.º 1, do art. 447.º, do CT, a denúncia dispensa invocação de justa causa (denúncia *ad nutum*), mas obriga a aviso prévio, fixado em 30 ou 60 dias, conforme o trabalhador tenha até dois ou mais de dois anos de antiguidade.

Tratando-se de contratos a termo aplica-se o regime próprio previsto nos n.ᵒˢ 3 e 4, do art. 447.º, do CT.

A obrigatoriedade de redução a escrito da denúncia, prevista no n.º 1, do art. 447.º, do CT, vale essencialmente como formalidade probatória.

Se o trabalhador não cumprir o prazo de aviso prévio previsto para a denúncia, fica obrigado a pagar ao empregador uma indemnização de valor igual à retribuição base e diuturnidades correspondentes ao período de aviso em falta, sem prejuízo da responsabilidade civil pelos danos eventualmente causados (art. 448.º, do CT).

A denúncia (à semelhança do acordo de cessação, art. 395.º, do CT) pode ser revogada pelo trabalhador, nos termos do art. 449.º, CT.

A ausência do trabalhador, acompanhada de factos que constituam fortes indícios da intenção de não retomar a relação laboral, é considerada abandono do trabalho (art. 450.º, n.º 1, do CT).

A ausência do trabalhador durante, pelo menos, 10 dias úteis seguidos, sem que o empregador tenha recebido comunicação do motivo da ausência, presume-se, até prova em contrário, abandono do trabalho (art. 450.º, n.ºs 2 e 3, do CT).

O abandono do trabalho equivale a denúncia e constitui fonte de responsabilidade civil por danos eventualmente causados (art. 450.º, n.º 4, do CT). Esta denúncia é, no entanto, uma denúncia anómala, pois obriga à respectiva declaração por parte do empregador após comunicação por carta registada com aviso de recepção para a última morada conhecida do trabalhador (art. 450.º, n.º 5, do CT).

5. A resolução

5.1. *A resolução promovida pelo trabalhador*

O n.º 1, do art. 441.º, do CT prevê que havendo justa causa (imputável ou não ao empregador) o trabalhador pode fazer cessar imediatamente o contrato.

Duas pequenas notas prévias se impõe:

– a justa causa indicada no preceito parece ser, a nosso ver, a justa causa resolutiva imputável ao trabalhador, prevista no art. 396.º, do CT, valendo nos termos plasmados neste preceito.

Explica MONTEIRO FERNANDES[6]: "A lei referencia, agora, explicitamente o conceito geral de justa causa de resolução. Preside-lhe a ideia de inexigibilidade que, como se notou, penetra igualmente a noção de justa causa no domínio da faculdade de ruptura unilateral do empregador";

– a cessação contratual não opera, *imediatamente,* logo que ocorra a justa causa invocada. O art. 442.º, n.º 1, do CT obriga à realização de uma declaração resolutiva, por escrito, nos 30 dias seguintes ao conhecimento daquela (ou logo que possível, no caso da justa causa prevista na al. *a),* do n.º 3, do art. 441.º, do CT)[7].

O art. 443.º do CT confere ao trabalhador direito a indemnização devida em caso de resolução por justa causa *subjectiva* (nos termos do art. 441.º, n.º 2, do CT). Direito esse igualmente conferido no caso de resolução por justa causa *objectiva,* em consequência de oposição por parte do trabalhador da ordem de transferência para outro local de trabalho, no contexto do regime da mobilidade

---

[6] "Direito do Trabalho", Almedina, 12ª ed. 2004, p. 605.

[7] Sobre as consequências da violação deste preceito, *v.* nosso "Código do Trabalho Anotado e Comentado", Almedina, 4ª edição, 2005, p. 1038 e ROMANO MARTINEZ, e outros, "Código do Trabalho Anotado", Almedina, 2ª ed., 2004, p. 645.

geográfica (art. 315.º, n.º 4, do CT que remete directamente para o art. 443.º, n.º 1, do CT).

Conforme já referimos[8], é delicada e difícil a interpretação do preceito.

ROMANO MARTINEZ e outros[9] entendem que "No que se refere à fixação do valor da indemnização prevê-se, em paralelo com o artigo 439.º (relativo à indemnização em substituição da reintegração), uma solução, que, sendo inovadora na medida em que define uma moldura – entre quinze e quarenta e cinco dias de retribuição base e diuturnidades – dentro da qual o Tribunal deve procurar adequar a indemnização aos danos efectivamente sofridos pelo trabalhador, é ainda fortemente tributária do sistema anterior, pois o montante que àquele é efectivamente atribuído depende, em larga medida, da duração do respectivo contrato."

A ponderação da antiguidade, como referente para a atribuição do valor da indemnização, pode gerar ainda graves efeitos perversos, atendendo a que não há qualquer relação de causa-efeito entre o alcance do dano e a antiguidade do trabalhador.

"Questiona-se legitimamente o enquadramento da moldura ressarcitória dentro do referente *antiguidade*, quando se equacionam danos sofridos em virtude exclusivamente da prestação laboral, e não os eventualmente decorrentes da longevidade dessa prestação. (...)

Estando em causa um *comportamento culposo do empregador* que obriga o trabalhador a pedir a resolução do contrato, o acerto da solução impedirá que esta se afaste dos casos em que o empregador se desvinculou ilicitamente do contrato de trabalho, sob pena de a solução legal positivada quase convidar à coacção moral sobre o trabalhador. Este será pressionado quanto baste a resolver o contrato, pois o custo da sua desvinculação será sempre muito menor do que o de uma eventual revogação[10] ou de um despedimento considerado ilícito"[11].

---

[8] "A *perversidade* da tutela indemnizatória do art. 443.º do Código do Trabalho – a desigualdade entre iguais (breve reflexão)", PAULA QUINTAS, PDT, n.º 71. V. também nossa "Prática (Da) laboral à luz do *novo* Código do Trabalho", Almedina, 3ª ed., 2004, p. 329.

[9] "Código do Trabalho...", p. 653.

[10] Onde é prática frequente o empregador duplicar ou triplicar a moldura indemnizatória base dos 15 a 45 dias de retribuição.

[11] "A *perversidade*...".

A exemplo do regime dos despedimentos, a ilicitude da resolução promovida pelo trabalhador só pode ser declarada judicialmente, em acção intentada pelo empregador (art. 444.º, n.º 1, do CT), um ano após a data (de produção de efeitos) da resolução (n.º 2). Também aqui se concede ao trabalhador a faculdade de sanar os vícios procedimentais que enfermam a resolução (art. 445.º, do CT[12]).

A resolução ilícita confere ao empregador direito a indemnização pelos prejuízos causados (art. 446.º, do CT).

5.2. Despedimento por facto imputável ao trabalhador (despedimento com justa causa)

A lei reserva para o empregador o conceito *despedimento* (figura que faz parte das resoluções contratuais), que tem sempre subjacente determinada motivação.

Quando a motivação é imputável ao próprio trabalhador, estamos perante um despedimento por facto imputável ao trabalhador (*despedimento subjectivo*).

Quando a motivação não é imputável ao trabalhador, o despedimento é entendido como *despedimento objectivo* (que por sua vez, é dividido em três sub-categorias: despedimento colectivo, despedimento por extinção de posto de trabalho e despedimento por inadaptação).

a) *Conceito de justa causa*

O despedimento por facto imputável ao trabalhador, além de carecer de motivação (comportamento culposo do trabalhador[13]), exige, ainda, que esta seja suficientemente grave e consequente, ou seja, a sua repercussão na relação contratual seja tal que determina a impossibilidade de manutenção do vínculo laboral (art. 396.º, n.º 1, do CT).

---

[12] Que corresponde ao art. 436.º, n.º 2, do CT.

[13] Fundamentado em desvios comportamentais face ao leque de deveres do trabalhador (art. 121.º, do CT), que o n.º 3, do art. 396.º, *grosso modo*, transcreve.

A figura da justa causa (conceito indeterminado) obriga a um ciclo de concretizações, variáveis de caso para caso, permitindo ainda ao empregador, no contexto do poder discricionário que lhe é atribuído e atenta a situação concreta, sancionar, distintamente, os agentes de infracções iguais ou semelhantes.

A lei faculta-nos, no n.º 2, do preceito, alguns critérios de concretização da justa causa, no quadro da gestão da empresa, designadamente:

grau de lesão dos interesses do empregador (que não será apenas eminentemente económico), *carácter das relações entre as partes* (a relação de confiança é mais facilmente precludida, estando em causa trabalhadores com responsabilidades de direcção e gestão) ou *entre o trabalhador e os seus companheiros* e *demais circunstâncias que no caso se mostrem relevantes* (atenuantes ou agravantes).

O conceito de justa causa terá que atender aos princípios, normas e direitos constitucionalmente consagrados concretizáveis caso a caso (*v.g.*, direito à segurança no emprego, art. 53.º, 1ª parte, direito ao trabalho, art. 59.º, n.º 1, al. *a*) e direito à organização do trabalho, art. 59.º, n.º 1, al. *b*), todos da CRP).

Por outro lado, visa "tornar adequada a sanção aplicável ao ilícito legal ou contratual cometido, limitando nessa matéria o poder disciplinar do empregador, proibindo a aplicação de sanções abusivas (art. 367.º, do CT)"[14]. O grau de gravidade da infracção que determinará o tipo de sanção disciplinar a aplicar, terá em consideração o alcance da violação dos deveres (contratuais ou legais).

O n.º 3, do art. 396.º, do CT apresenta um elenco de comportamentos que podem determinar justa causa de despedimento, no fundo, transpondo, para um regime de infracção disciplinar, os comportamentos exigíveis ao trabalhador (previstos no art. 121.º, do CT).

Conforme já dissemos: "A posição passiva do trabalhador emergente da relação jurídica laboral é constituída por um **dever principal** (o de prestar a actividade laboral ou, pelo menos, o de estar à disposição do empregador para o fazer) e um núcleo plurifacetado de **deveres secundários e acessórios**, que emergem do

---

[14] "Prática (Da)... ", p. 285.

princípio geral da boa fé no cumprimento dos contratos, previsto no n.º 2, do artigo 762.º, do CC"[15] e art. 119.º, n.º 1, do CT. De referir, ainda, o princípio da mútua cooperação ou do sucesso empresarial, disposto no n.º 2, do art. 119.º, do CT.

Deste modo, o trabalhador poderá violar não apenas um dever, mas vários, em cada caso concreto. A violação será maioritariamente plural, e não singular, atenta a articulação entre os deveres em questão, de natureza principal, secundária ou acessória. Por exemplo, a violação do dever de assiduidade pode, implicitamente, implicar a violação do dever de respeito e de lealdade, de zelo e diligência, e em última instância, o dever de não afectação da relação de confiança estabelecida entre as partes.

Destaquemos de seguida os seguintes deveres:

i) *Dever de obediência*

Este dever plasmado na al. *a)*, do n.º 3, do art. 396.º, do CT sanciona a desobediência *ilegítima*[16] às ordens e instruções que emanam do poder directivo do empregador para a execução do contrato de trabalho[17].

Encontra-se contido também na al. *d)*, do n.º 1 e no n.º 2, do art. 121.º, do CT.

---

[15] "Código do Trabalho...", p. 297.

[16] A desobediência pode ser legítima quando a ordem é dada com desvio de poder ou usurpação de funções.

[17] **Jurisprudência:**
I – A atribuição de novas funções qualitativamente inferiores às que até então eram exercidas consubstanciam uma baixa de categoria profissional, sendo ilegítimas.
II – É ilegítima a ordem que consubstancia uma mudança de sector de laboração do trabalhador, sem autorização ou concordância deste.
III – É ilegítima a ordem dada ao trabalhador para que este trabalhasse para outra empresa diferente da sua entidade patronal, ficando sujeito aos poderes de direcção e autoridade de trabalhadores daquela empresa.
IV – A desobediência àquelas ordens não constitui justa causa de despedimento.
(Ac. RL, de 19.01.2005, CJ, Ano XXX, Tomo I, p. 147).

ii) *Dever de respeito*

O dever de respeito está presente, a nossa ver, em todas as exemplificações apresentadas pelo n.º 3, do art. 396.º, do CT. Está contido também na al. *a)*, do n.º 1, do art. 121.º, do CT.

Os *planos de concretização* deste dever verificam-se nas relações com o empregador, com os outros trabalhadores e com terceiros contratantes.

Este dever é determinado pela *envolvência social da prestação de trabalho*, pois, como sabemos, certas formas de actuar e de comunicar, embora, em abstracto, possam ser entendidas como desrespeitosas, em concreto, pela sua banalização e aceitação social, podem não o ser.

iii) *Dever de lealdade*

Este dever está consagrado na al. *e)*, do art. 121.º, do CT[18]. Está igualmente presente em praticamente todas as exemplificações inseridas no n.º 3, do art. 396.º, do CT.

Trata-se de um dos deveres que não se pode dissociar do *estatuto do trabalhador*, aumentando o seu nível de exigência nos trabalhadores de valor hierárquico mais elevado ou onde se desenvolvam funções de gestão que impliquem uma valorização especial da relação de confiança[19].

---

[18] É manifestado, em particular, no dever de não-concorrência e no dever de sigilo profissional.

[19] **Jurisprudência:**

1) *I – Nada impede que a entidade patronal possa exercer o seu poder disciplinar sobre factos praticados por um seu trabalhador no exercício da sua actividade sindical, desde que ele se traduza na violação de deveres ou negação dos valores, inscritos no círculo dos deveres ou valores da ordem jurídico-laboral estabelecidos no interesse do empregador e que tenham um nexo de causalidade com o vínculo contratual.*

II – As associações sindicais e os seus dirigentes devem defender os seus interesses, mas é-lhes exigível que o façam sem ultrapassar os limites da legalidade.

III – O dirigente sindical ou delegado sindical, ao defender os interesses dos trabalhadores, não pode utilizar dados que não sejam verdadeiros, assumindo carácter injurioso e difamatório.

IV – Ao acusar a entidade patronal de enganar e roubar os trabalhadores, afixando e distribuindo um comunicado nesse sentido e que era apto a criar nos trabalhadores sentimentos de revolta e insatisfação, violou os deveres de lealdade e urbanidade.

V – Esse comportamento reveste a gravidade suficiente para justificar o despedimento.
(Ac. RL, de 13.04.2005, CJ, Ano XXX, Tomo II, p. 155).

2) *Estando a venda excepcional de produtos avariados ou com defeito a trabalhadores da empresa sempre dependente de prévia autorização do Director da Loja, que era também quem fixava os respectivos preços, constitui justa causa de despedimento uma ordem dada por um trabalhador ao operador de caixa para venda para si dum bem amolgado pelo preço muito inferior de um outro bem e com utilização da etiqueta deste, venda essa que depois foi concretizada e registada, sem ter havido prévia autorização daquele Director.*
(Ac. RE, de 15.02.2005, CJ, Ano XXX, Tomo I, p. 273)

3) *I – Constitui violação do dever de lealdade o facto de o trabalhador participar em concurso publicitário organizado pelo empregador visando determinado prémio quando tal lhe estava vedado, acabando por usufruir e gozar de um prémio e não der conhecimento de tal à empregadora.*

II – Viola o mesmo dever o trabalhador que, falsamente, apresenta relatórios de visitas a clientes que não efectuou.

III – Tais violações são susceptíveis de abalar a boa fé do contrato de trabalho e constituem justa causa de despedimento.
(Ac. RL, de 12.01.2005, CJ, Ano XXX, Tomo I, p. 145)

4) *I – Os recursos visam reapreciar e modificar decisões e não criá-las sobre matéria nova, pelo que, se o Tribunal da Relação houver conhecido de matéria não suscitada perante o tribunal de 1ª instância comete uma nulidade e se o STJ também o fizer, incorre no mesmo vício.*

II – Constitui justa causa de despedimento, o comportamento do autor que, no exercício das suas funções de recepcionista ao serviço da R. e em desobediência a instruções concretas da entidade patronal, dirigia juntamente com outro seu colega um negócio de câmbios paralelos em segredo, com vista a apoderarem-se do lucro resultante da diferença de câmbio, repartindo-o posteriormente por eles e pelos demais recepcionistas.

III – A averiguação da existência da impossibilidade prática da relação de trabalho deve ser feita em concreto, à luz de todas as circunstâncias que no caso se mostrem relevantes (art. 12.º, n.º 5 da LCCT), mediante o balanço dos interesses em presença e pressupõe um juízo objectivo, segundo um critério de razoabilidade e normalidade.

IV – Exigindo o princípio da igualdade (art. 13.º da CRP) um tratamento igual de situações de facto iguais e um tratamento diferente de situações de facto diferentes e não havendo um paralelismo que permita afirmar terem os ilícitos disciplinares praticados pelo autor e por outros recepcionistas os mesmos graus de ilicitude e culpa, não pode afirmar-se que foi postergado pela recorrida o princípio da igualdade de tratamento no domínio disciplinar.

V – O facto de o trabalhador estar há longo tempo ao serviço da entidade patronal actuando com lealdade torna mais grave a violação deste dever, por representar um abuso

iv) *Deveres de zelo e diligência*

Estes deveres constam da al. *c)*, do n.º 1, do art. 121.º e assumem-se nas als. *d), g)* e *m)*, do n.º 3, do art. 396.º, ambos do CT.

Mário Pinto e outros[20] sublinham a finalidade da prestação e a disponibilidade do trabalhador, aferindo-os "dentro dos limites do contrato e ponderando o esforço exigível, de acordo com os parâmetros, a um trabalhador daquela categoria, naquela posição e naquele ambiente produtivo"[21].

Neste domínio, discute-se a relevância ou irrelevância dos chamados *comportamentos extra-laborais* como expressão também de violação contratual.

Tendo presente que o comportamento extra-laboral é mais ou menos valorizado atento o tipo de prestação em causa, é aferindo da projecção deste no desempenho laboral, que se poderá determinar o respectivo juízo de censura. Tal poderá implicar algumas dificuldades, por exemplo, a alcoolemia é especialmente censurada nos trabalhadores que carecem de possuir os sentidos libertos de qualquer perturbação (como é o caso dos trabalhadores-desportivos ou condutores de qualquer tipo de transporte).

No entanto, nos casos em que esse cuidado não é tão premente pode igualmente manter-se o juízo de censura, *v.g.*, se o comportamento implicar a desvalorização da imagem que o empregador quer transmitir (vulgarmente associada, por exemplo, à imposição de uso de fardamento próprio).

---

de maior confiança que, devido à duração regular da prestação laboral, nele normalmente devia depositar a entidade patronal.
(Ac. STJ, de 24.06.2003, www.stj.pt)

[20] "Comentários às Leis de Trabalho", vol. I, Lex, Lisboa, 1994, p. 87.

[21] **Jurisprudência:**

I – Não tendo as instâncias laborado em qualquer erro no que concerne à aplicação das regras de direito probatório e não havendo contradições insanáveis na matéria de facto, é insindicável pelo STJ a decisão fáctica proferida.

II – O sigilo bancário e o segredo profissional não podem impedir o exercício da acção disciplinar sobre um trabalho da banca.

III – Se o trabalhador violou os deveres de obediência e de realização do seu trabalho de gerente com zelo e diligência, teve uma conduta passível de censura e, portanto, agiu com culpa.

IV – Sendo essa conduta objectivamente grave, há justa causa para despedimento.
(Ac. de STJ, de 02.12.2004, CJ, Ano XII, Tomo III, p. 276).

v) *Dever de assiduidade*

Este dever consta da al. *b*), do n.º 1, do art. 121.º e assume-se na al. *g*), do n.º 3, do art. 396.º, ambos do CT.

A al. *g*), do n.º 3, do art. 396.º, do CT está, por sua vez, dividida em duas partes: a primeira cuida da chamada *falta qualitativa* (que não carece de atingir determinado número), e a segunda trata da *falta quantitativa* (considerada como tal a que atinge o número de cinco seguidas ou de dez interpoladas).

A assiduidade constitui a expressão máxima da (boa) execução contratual. Assim, a violação deste dever possui um regime próprio: o das faltas, que podem ser justificadas ou injustificadas (arts. 224.º e ss, do CT)[22].

O Código do Trabalho concedeu agora ao empregador um mecanismo de fiscalização das faltas por doença (*v.* art. 206.º, da RCT).

As falsas declarações relativas à justificação de faltas constitui, ainda, justa causa de despedimento nos termos da al. *f)*, do n.º 3, do art. 396.º, do CT.

vi) *Dever de não afectação da relação de confiança*

Este dever apresenta-se como uma espécie de dever supletivo, que suporta a violação não exemplificada ou que reforça a violação exemplificada, assumindo-se como uma concretização do *princípio da boa-fé*[23].

---

[22] **Jurisprudência:**
I – *Os membros das Comissões de Trabalhadores têm um crédito de horas dentro do horário de trabalho para o exercício de actividades sindicais, sem perda de retribuição.*
II – *Mas, esse crédito só pode ser utilizado para aquelas actividades, e não para outros fins.*
III – *Se o trabalhador invoca para faltar ao trabalho o exercício de actividades sindicais e utiliza esse tempo para outras actividades viola os deveres de assiduidade e de honestidade.*
IV – *O empregador pode verificar se aquele crédito de horas foi exercido para os fins estabelecidos na lei.*
V – *A violação daqueles referidos deveres, tal como foram violados, constitui justa causa de despedimento.*
(Ac. RL, de 27.10.2004, CJ, Ano XXIX, Tomo IV, p. 162).

[23] **Jurisprudência:**
1) *Retirando o trabalhador cinco euros da carteira de um idoso, internado em Lar pertencente à entidade empregadora, e guardada na mesinha de cabeceira junto à cama*

b) *Princípios da adequabilidade e da proporcionalidade*

A aplicação da sanção disciplinar deve observar os princípios da adequabilidade e da proporcionalidade (art. 367.º, do CT). "A gravidade da infracção deve ser avaliada tendo por base o grau de perturbação provocada no vínculo laboral, na organização e imagem empresariais; a afectação (real ou potencial) de interesses da empresa; a possibilidade de reincidência; os efeitos produzidos (presentes e futuros); o comportamento habitual dos restantes trabalhadores, etc.

Estes são alguns dos dados que entendemos ponderáveis no apuramento do grau de perigosidade, sendo certo que cada uma das situações deve ser analisada em concreto."[24]

---

daquele idoso, praticou tal trabalhador comportamento violador dos princípios de honestidade, fidelidade e lealdade, que constitui justa causa de despedimento, face à quebra de confiança que a sua entidade patronal nele depositava, conduzindo, assim, tal conduta à inexigibilidade da manutenção do respectivo contrato de trabalho.
(Ac. RP, de 14.03.2005, CJ, Ano XXX, Tomo II, p. 227).

2) *I – A justa causa de despedimento verifica-se quando o comportamento do trabalhador, pela sua gravidade, coloca em causa a boa fé que presidiu ao contrato e torna este imediatamente impossível.*

II – O trabalhador que, sem autorização do empregador, entra de férias em período de grande movimento no negócio da entidade patronal, e, assim, dá cinco faltas seguidas, tem um comportamento que justifica o seu despedimento.
(Ac. STJ, de 07.04.2005, CJ, Ano XIII, Tomo I, p. 258).

3) *I – É ilícito e também culposo o comportamento do trabalhador traduzido na permissão, enquanto gerente de uma agência do Banco empregador, a um cliente deste, de saque de cheques sobre saldos fictícios gerados por cheques depositados, que aquele bem sabia que não tinham provisão, apresentando a conta final, dessa movimentação, saldo devedor.*

II – Sabendo tal trabalhador que não devia autorizar essa prática – rotação de cheques – por ser contrária à vontade e interesse da sua entidade empregadora, a sua conduta é susceptível de quebrar a confiança que esta nele depositava, e nessa medida afectar irremediavelmente a respectiva relação de trabalho.

III – É irrelevante, dada essa quebra de confiança, o facto do Banco réu acabar por não sofrer prejuízos, bem como o bom comportamento do trabalhador, visto a conduta deste ser grave em si mesma e nas suas consequências, tornando imediata e praticamente impossível a relação de trabalho.

IV – Não ocorre a caducidade do procedimento disciplinar, uma vez que a rotação de cheques se prolongou até 24 de Setembro de 2001, daí que a instauração do processo em 8 de Outubro, sempre estaria a tempo.
(Ac. STJ, de 18.01.2005, CJ, Ano XIII, Tomo I, p. 227).

[24] PAULA QUINTAS e HELDER QUINTAS, "Código do Trabalho...", p. 741.

c) **Princípio da tempestividade (prescrição da infracção disciplinar e caducidade da reacção disciplinar)**

Nos termos do n.º 1, do art. 372.º, do CT o procedimento disciplinar deve exercer-se nos 60 dias subsequentes àquele em que o titular do poder disciplinar (o próprio empregador ou o superior hierárquico do trabalhador) teve conhecimento da infracção, sob pena de caducidade do procedimento.

Esse mesmo prazo deverá ser articulado com o próprio prazo prescricional da infracção (um ano), contável, não do conhecimento da mesma, mas do momento em que aquela teve lugar (n.º 2, do art. 372.º, do CT), sem prejuízo da aplicação dos prazos prescricionais da lei penal[25]. Ou seja, durante o prazo de um ano, deve ser exercido o poder disciplinar do empregador, sob pena de prescrição da infracção.

Estes prazos são interrompidos mediante a comunicação da nota de culpa (art. 411.º, n.º 4, do CT) e a instauração do procedimento prévio de inquérito (art. 412.º, n.º 1, do CT). De relevar que a contagem do prazo prescricional se prende com o carácter instantâneo ou continuado da infracção.

A infracção entende-se **continuada** "quando se verifiquem cumulativamente os seguintes elementos:

i) que as várias condutas infraccionais visem o mesmo bem jurídico;

ii) sejam efectuadas de forma homogénea;

iii) que se enquadrem numa mesma situação exógena, que leve à diminuição da culpa do agente"[26].

---

[25] **Jurisprudência:**
I – A prescrição da infracção disciplinar ocorre ao fim de um ano a contar do momento em que a infracção teve lugar, independentemente de ter ou não havido conhecimento dela por parte da entidade empregadora.
II – A prescrição interrompe-se com o início do processo disciplinar, no qual cabe o inquérito destinado a verificar a existência da infracção, as circunstâncias determinantes da sua gravidade, e se necessário, a identificação dos agentes.
III – Mas não tendo a ré conduzido o processo de averiguações de forma diligente, não poder ter-se por interrompida a prescrição da infracção com a instauração daquele.
IV – Assim quando a trabalhadora foi notificada da nota de culpa já há muito que havia decorrido o prazo de prescrição da infracção.
(Ac. STJ, de 27.10.2004, CJ, Ano XII, Tomo III, p. 268).

[26] Ac. STJ, de 14.05.1997, CJ, Ano V, Tomo II, p. 280.

A infracção entende-se **instantânea** "se subsumível a um mesmo tipo (criminal), ou seja, ofensivo de idêntico bem jurídico"[27].

d) *Procedimento disciplinar conformador da justa causa e o princípio da audição prévia*

Ainda que o conceito de justa causa se encontre preenchido, a lei obriga ao acatamento do princípio do contraditório para validação do despedimento (em que assenta o procedimento disciplinar)[28].

Esse mesmo princípio subsiste (embora simplificado) no caso de aplicação de outras sanções disciplinares, que não o despedimento (art. 371.º, n.º 1, do CT)[29].

O procedimento disciplinar para o despedimento assenta em quatro grandes fases: **nota de culpa** (art. 411.º, do CT), **resposta à nota de culpa** (art. 413.º, do CT), **instrução** (art. 414.º, do CT) e **decisão final** (art. 415.º, do CT).

---

[27] Ac. STJ, de 30.01.1986, BMJ, n.º 353, p. 240.

[28] **Jurisprudência:**
I – (...). II – (...). III – O processo disciplinar não está ferido de nulidade se, embora ainda não haja defesa do trabalhador, a decisão do despedimento, mesmo que tomada antes do termo daquele prazo de defesa, chegou ao conhecimento do trabalhador após aquele prazo, sem que o trabalhador tenha apresentado a sua defesa.

IV – Mesmo que o trabalhador tenha, sem justificação, faltado mais de 13 dias ao serviço a justa causa do seu despedimento com esse fundamento só existirá se a entidade patronal explique e demonstre que tais faltas impossibilitaram a manutenção da relação laboral.

(Ac. RL, de 08.06.2004, CJ, Ano XXIX, Tomo IV, p. 148).

[29] **Jurisprudência:**
"Só no processo disciplinar para aplicação de sanção de despedimento a lei exige que a intenção de despedir seja desde logo anunciada ao arguido. Nas restantes sanções, correctivas, mas conservadoras, impõe-se apenas que não sejam aplicadas sem audiência prévia do trabalhador".

(Ac. STJ, de 24.06.1998, ADSTA, n.º 445, p. 112).

e) *Princípio da presunção de despedimento com justa causa*

No **regime geral**, o despedimento presume-se que foi realizado com justa causa, cabendo ao trabalhador, na competente acção judicial, inverter essa presunção.

Nos **regimes especiais**, o princípio da presunção é afastado, senão vejamos:

– no caso de **trabalhador candidato a corpos sociais das associações sindicais, bem como do que exerça ou haja exercido funções nos mesmos corpos sociais há menos de 3 anos**, o despedimento *presume-se feito sem justa causa* (art. 456.º, n.º 2, do CT).

– no caso de **trabalhador candidato a representante dos trabalhadores para a segurança, higiene e saúde no trabalho, bem como do que exerça ou haja exercido essas funções há menos de 3 anos**, o despedimento *presume-se feito sem justa causa* (art. 282.º, n.º 2, da RCT).

– no caso de **trabalhadora grávida, puérpera ou lactante**, o despedimento *presume-se feito sem justa causa* (art. 51.º, n.º 2, do CT).

f) *Despedimento extra-judicial e judicial*

No **regime geral**, o despedimento por facto imputável ao trabalhador opera extra-judicialmente, sendo o empregador que auto-tutela todo o procedimento disciplinar, nas suas várias fases (decidindo a final que a sanção expulsiva é a adequada), apesar de impugnável judicialmente pelo trabalhador, dentro de certo prazo.

No caso de **trabalhadora grávida, puérpera ou lactante**, esta solução também se aplica, salvo se o parecer da entidade que tenha competência na área da igualdade de oportunidades entre homens e mulheres, for desfavorável ao despedimento. Em tal caso, este só pode ser efectuado pelo empregador *após decisão judicial que reconheça a existência de motivo justificativo* (art. 51.º, n.º 5, do CT).

g) *Suspensão judicial do despedimento*

O CPT consagra um leque de procedimentos cautelares especificados, do qual se destacam a suspensão de despedimento individual (arts. 34.º a 40.º) e a suspensão de despedimento colectivo (arts. 41.º a 43.º)[30].

Com a suspensão de despedimento foi conferido ao trabalhador um meio "rápido de assegurar o seu direito à retribuição e ao cumprimento do restante programa contratual", MENDES BATISTA[31].

A suspensão de despedimento, como procedimento cautelar que é[32], só pode ser decretada se se verificarem os seguintes requisitos:

i) a probabilidade séria da existência do direito (*fumus boni iuris*) e

ii) o prejuízo da demora do processo (*periculum in mora*).

Não obstante convém ter presente que:

– No caso de **trabalhadora grávida, puérpera ou lactante**, a suspensão judicial do despedimento só não é decretada se o parecer da entidade que tenha competência na área da igualdade de oportunidades entre homens e mulheres, for favorável ao despedimento, e o tribunal considerar que existe probabilidade séria de verificação de justa causa (art. 51.º, n.º 6, do CT);

– No caso de **trabalhador representante sindical, membro de comissão de trabalhadores ou membro de conselho de empresa**, a suspensão judicial do despedimento só não é decretada se o tribunal concluir pela existência de probabilidade séria de verificação de justa causa (art. 456.º, n.º 3, do CT);

– No caso de **trabalhador representante dos trabalhadores para a segurança, higiene e saúde no trabalho**, a suspensão judicial do despedimento só não é decretada se o tribunal concluir pela existência de probabilidade séria de verificação de justa causa (art. 282.º, n.º 3, da RCT).

---

[30] **Jurisprudência:**
I – A providência cautelar da suspensão do despedimento apenas tem lugar quando se configure um despedimento-sanção.
II – Assim, não há lugar a esse procedimento cautelar quando os requerentes invocam situações de extinção de postos de trabalho.
III – Nestas situações também não há lugar ao procedimento cautelar comum.
(Ac. RC, de 03.03.2005, CJ, Ano XXX, Tomo II, p. 51).

[31] "Código de Processo do Trabalho – Anotado", 1.ª edição, *Quid Iuris*, p. 83.

[32] Convém referir que aos procedimentos cautelares previstos no CPT aplica-se o regime estabelecido no CPC (art. 32.º, corpo do n.º 1, do CPT).

PROCEDIMENTO A OBSERVAR EM CASO DE DESPEDIMENTO POR FALTA IMPUTÁVEL AO TRABALHADOR

Nota de Culpa (art. 411.º, n.º 1)	Resposta do trabalhador (art. 413.º)	Instrução (art. 414.º)	Decisão (art. 415.º)
Descrição circunstanciada das infrações disciplinares imputáveis ao trabalhador (n.º 1) + intenção de proceder ao despedimento (n.º 1), sob pena de invalidade do procedimento (art. 430.º, n.º 2, al. a)).	em 10 dias úteis + contestação dos factos que lhe são imputáveis + indicação das diligências probatórias pretendidas	3 testemunhas por cada facto descrito na nota de culpa, no máximo de 10 (n.º 2) + processo apresentado de seguida à ⎧ comissão de trabalhadores ⎨ associação sindical, se trabalhador é ⎩ representante sindical	– 30 dias após a realização da ⎧ instrução ⎨ junção do parecer da ⎧ com. de trab. ⎩ ⎩ assoc. sindical, sob pena de caducidade (n.º 1).
Eventualmente suspensão preventiva do trabalhador (art. 417.º), sem perda de retribuição, ao mesmo tempo que a nota de culpa (n.º 1) ou 30 dias antes (n.º 2). [A suspensão preventiva do trabalhador eleito para as estruturas de representação colectiva e do representante dos trabalhadores para a segurança, higiene e saúde no trabalho não obsta a que os mesmos possam ter acesso aos locais e actividades que se compreendem no exercício normal dessas funções (art. 456.º, n.º 1, do CT, e art. 282.º, n.º 1, da RCT, respectivamente).]	junção de prova documental (a violação do princípio do contraditório é sancionável com a invalidade do procedimento, art. 430.º, n.º 2, al. b)).	Que dispõem de 5 dias úteis para função de parecer fundamentado (n.º 3), salvo tratando-se de micro-empresas (art. 418.º, n.º 1), excepto se trabalhador for membro da comissão de trabalhadores/representante sindical, correndo então o procedimento os trâmites normais (art. 418.º, n.º 4).	– fundamentada – por escrito (arts. 415.º, n.º 2 e 418.º, n.º 3), sob pena de invalidade do procedimento (art. 430.º, n.º 2, al. c)). – ponderando-se as circunstâncias do caso/adequabilidade do despedimento à infracção cometida/pareceres juntos aos autos (art. 415.º, n.º 3). – circunscrita aos factos constantes da nota de culpa e à defesa do trabalhador, salvo se atenuarem/dirimirem a responsabilidade do trabalhador (n.º 3).
	no caso de **micro-empresas**	[No caso de trabalhadora grávida, puérpera ou lactante ainda necessário o parecer da entidade competente na área da igualdade de oportunidades entre homens e mulheres (art. 51.º, n.º 1), sob pena de invalidade do procedimento disciplinar (n.º 4).	Comunicada – ao trabalhador – à comissão de trabalhadores – à assoc. sindical, se trabalhador for representante sindical (art. 415.º, n.º 4).
	– audição do trabalhador ou	A entidade competente na área da igualdade dispõe de 30 dias subsequentes à recepção do procedimento para emissão de parecer (n.º 3).	Logo que chega ao conhecimento do trabalhador, é eficaz (art. 416.º, n.º 1)
Remetida ao – trabalhador (art. 411.º, n.º 1) – Comissão de trabalhadores (art. 411.º, n.º 2), salvo tratando-se de micro-empresas (art. 418.º, n.º 1), excepto se trabalhador for membro da comissão de trabalhadores/representante sindical, correndo então os trâmites normais (art. 418.º, n.º 4). – associação sindical, se trabalhador for representante sindical (art. 411.º, n.º 3), salvo tratando-se de micro-empresas (art. 418.º, n.º 1), excepto se trabalhador for membro da comissão de trabalhadores/representante sindical, correndo então o procedimento os trâmites normais (art. 418.º, n.º 4). – interrompe o prazo de acção disciplinar (art. 411.º, n.º 4). – ocorre o mesmo efeito interruptivo quando é instaurado procedimento prévio de inquérito (art. 412.º)	– alegação escrita, no prazo de 10 dias úteis, com indicação de prova testemunhal (art. 418.º, n.º 2), sob pena de invalidade do procedimento (art. 430.º, n.º 2, al. b)).	Presume-se sem justa causa o despedimento de trabalhadora grávida, puérpera ou lactante (n.º 2)]. (Sobre a mesma presunção, v. art. 456.º, n.º 2, do CT e art. 282.º, n.º 2, da RCT) (A violação do princípio do contraditório é sancionável com a invalidade do procedimento disciplinar (art. 430.º, n.º 2, al. b)). Outras sanções que não o despedimento: – garantia sempre do direito de defesa do trabalhador e do conhecimento adequado da motivação da sanção aplicada. (art. 371.º, do CT)	Igualmente eficaz quando não é recebida por culpa do trabalhador (art. 416.º, n.º 2)

PROCEDIMENTO PARA DESPEDIMENTO IMPUTÁVEL AO TRABALHADOR (DESPEDIMENTO COM JUSTA CAUSA)

(PROPOSTA DE) AUTO DE OCORRÊNCIA

O trabalhador ... praticou as seguintes condutas:
a) No dia 01 de Setembro de 2005, desobedeceu ao seu superior hierárquico, o Sr...., gerente de loja, recusando limpar a estante de exposição de livros;
b) No dia 06 de Setembro de 2005 disse ao mesmo gerente, depois de este lhe ter pedido para limpar as estantes de arquivo, a seguinte frase:
"Eu não limpo nada, se quer a loja limpa, limpe-a Você".
c) No dia 17 de Setembro de 2005, recusou-se atender um cliente de cor negra, proferindo a seguinte frase:
"Eu não atendo pretos, era só o que faltava!";
d) Ao que o cliente disse *"Não volto mais a este estabelecimento, não tenho que aturar isto!"*.
e) No dia 18 de Setembro de 2005, disse a um cliente habitual, depois de este ter feito uma reclamação de um livro.
"Você não queria mais nada, se quer um livro novo terá de o pagar";
f) O cliente, perante tal afirmação, manifestou o seu desagrado, tendo inclusive redigido uma reclamação no respectivo livro;
Tais factos foram presenciados pelas seguintes testemunhas:
1. ..., gerente de loja, residente na Rua...;
2. ..., vendedor, residente na Rua....
Tais condutas, para além de afectarem a confiança e o respeito que existia na relação de trabalho que tínhamos com o trabalhador em causa, constituem infracção disciplinar, motivo pelo qual promovemos a instauração de inquérito ao trabalhador ..., de modo a aferir a sua culpa.
Para o efeito nomeamos instrutor do processo o Exmo. Sr. Dr. ...., Advogado, com escritório na Rua...

Aproveitamos, ainda, para juntar cópia do contrato celebrado entre o trabalhador ... e a nossa empresa.

.... 01 de Outubro de 2005

(O empregador)

(PROPOSTA DE) TERMO DE ABERTURA

Aos 01 de Outubro de 2005, no seguimento:
– da nota de ocorrência junta a fls. ... referente a comportamentos alegadamente praticados pelo trabalhador ..., vendedor da empresa ..., susceptíveis de integrar sanção de disciplinar;
– da respectiva instrução para abertura de procedimento disciplinar e
– da minha nomeação como instrutor,
procede-se à abertura de inquérito para averiguação e apuramento da eventual responsabilidade do referido trabalhador.

Neste âmbito, serão convocadas para comparecer no meu escritório, no próximo dia 06 de Outubro de 2005, a fim de serem inquiridas, as seguintes testemunhas:
1. ..., gerente de loja, residente na Rua...;
2. ..., vendedor, residente na Rua....

Com a nota de ocorrência foi junta cópia do contrato de trabalho celebrado entre o trabalhador ... e o empregador.

.... 01 de Outubro de 2005

(O Instrutor)

NOTA:
O titular do poder disciplinar poderá necessitar de instaurar um procedimento prévio de inquérito, necessário para fundamentar a nota de culpa (art. 412.º, do CT). Em tal caso, entre a suspeita (baseada em indícios) e o início do inquérito para apuramento da verdade não podem mediar mais de 30 dias. Igual prazo é aplicável entre a conclusão do inquérito e a notificação da nota de culpa. Sendo, desta forma, interrompidos os prazos previstos no art. 372.º, do CT. Digamos que este preceito consome o prazo de reacção de 60 dias (contado a partir do conhecimento da infracção até à notificação da nota de culpa), por este, no caso concreto, se revelar excessivamente curto para o enquadramento circunstanciado da infracção disciplinar.

Pode ainda o titular do poder disciplinar, com a notificação da nota de culpa, suspender preventivamente o trabalhador, sem perda da retribuição, sempre que entenda que a presença deste é inconveniente (por perturbação das provas, do ambiente do trabalho, das relações sociais), nos termos do art. 417.º, n.º 1, do CT.

Pela primeira vez, entre nós, a *suspensão pode ser determinada antes da notificação da nota de culpa* (até 30 dias antes), desde que o empregador justifique, por escrito, que a presença na empresa do trabalhador é inconveniente, nomeadamente para a averiguação dos factos que lhe são imputáveis, não tendo sido ainda possível elaborar a nota de culpa (art. 417.º, n.º 2, do CT). Esta nova faculdade assume alguma controvérsia, dado que à margem da acusação, já se apresenta alguma sanção[33].

A suspensão preventiva de trabalhador eleito para as estruturas de representação colectiva e de representante dos trabalhadores para a segurança, higiene e saúde no trabalho não obsta a que os mesmos possam ter acesso aos locais e actividades que se compreendam no exercício normal dessas funções (respectivamente, art. 456.º, n.º 1 do CT e art. 282.º, n.º 1, da RCT), sob pena de responsabilidade contra-ordenacional (art. 681.º, n.º 1, al. a), do CT).[34]

---

[33] Conforme é nosso entendimento, já manifestado em "Código do Trabalho...", p. 922.

[34] Em rigor, a responsabilidade contra-ordenacional prevista no art. 681.º, n.º 1, al. a), do CT diz respeito apenas à violação do direito de acesso do trabalhador eleito para as estruturas de representação colectiva. No que concerne aos trabalhadores para a segurança, higiene e saúde no trabalho, a RCT é omissa. Esta lacuna será preenchida, quanto a nós, pela própria RCT atento o disposto no art. 469.º, que indica que o regime geral previsto nos artigos 614.º a 640.º do CT se aplica às infracções decorrentes da violação da RCT.

(PROPOSTA DE) CARTA DE NOTIFICAÇÃO DE TESTEMUNHAS

Exmo. Senhor:
...
Av. ...
...

2005.10.01
Registada c/Aviso de Recepção

ASSUNTO: Notificação para inquirição no âmbito do inquérito instaurado contra o trabalhador ...

Exmo. Senhor:

Somos pela presente a solicitar a sua comparência no meu escritório, sito na Rua ..., no dia 06 de Outubro de 2005, pelas 10:00 horas, para ser inquirido no âmbito do inquérito em epígrafe.

Com os meus melhores cumprimentos,

(O instrutor)
_____

NOTA:
A convocação das testemunhas pode ser feita por carta ou mediante entrega pessoal.

(PROPOSTA DE) AUTO DE DECLARAÇÃO DE CONVOCAÇÃO PESSOAL DE TESTEMUNHAS

Eu, ..., trabalhador da empresa ..., residente na Rua ..., declaro que fui convocado pelo Exmo. Sr. Dr. ..., instrutor do inquérito instaurado ao Exmo. Senhor, ..., para comparecer no seu escritório, sito na Rua ..., no dia 06 de Outubro de 2005, pelas 10:00 horas, para ser inquirido no âmbito desse mesmo inquérito.

A declarante,
_____

(PROPOSTA DE) AUTO DE INQUIRIÇÃO DE TESTEMUNHA

Aos 06 de Outubro de 2005, perante mim, ..., instrutor do inquérito instaurado pela empresa ... ao trabalhador..., compareceu o Exmo. Sr. ..., indicado como testemunha nos presentes autos, o qual inquirido sobre os factos, declarou o seguinte:

1. No dia 01 de Setembro de 2005, dei ordem ao trabalhador ..., vendedor da empresa ..., para que este limpasse a estante de exposição de livros, ao que o mesmo desobedeceu, recusando realizar tal tarefa, sem dar qualquer satisfação ou justificação.

2. No dia 06 de Setembro de 2005, o mesmo trabalhador ..., após lhe ter ordenado que limpasse as estantes de arquivo, disse-me o seguinte:

"Eu não limpo nada se quer a loja limpa, limpe-a Você".

3. As referidas ordens foram dadas por mim dentro do maior profissionalismo e respeito.

4. Tais factos foram presenciados pelo trabalhador ...., vendedor.

Nada mais tendo a acrescentar foi o presente auto, depois de lido e conferido, atestado conforme e devidamente assinado.

O instrutor,
_____

O declarante,
_____

(PROPOSTA DE) AUTO DE INQUIRIÇÃO DE TESTEMUNHA

Aos 06 de Outubro de 2005, perante mim, ..., instrutor do inquérito instaurado pela empresa ... ao trabalhador..., compareceu o Exmo. Sr. ..., indicado como testemunha nos presentes autos, o qual, inquirido sobre os factos, declarou o seguinte:

1. No dia 01 de Setembro de 2005, o Sr..., gerente da loja, deu ordem ao trabalhador ..., vendedor, para que este limpasse a estante de exposição de livros, ao que o mesmo desobedeceu, recusando realizar tal tarefa, sem dar qualquer satisfação ou justificação.

2. No dia 06 de Setembro de 2005, o mesmo trabalhador ..., após o mesmo gerente lhe ter ordenado que limpasse as estantes de arquivo, disse-lhe o seguinte:

"Eu não limpo nada se quer a loja limpa, limpe-a Você".

3. As referidas ordens foram dadas dentro do maior profissionalismo e respeito.

4. No dia 17 de Setembro de 2005, recusou-se atender um cliente de cor negra, proferindo a seguinte frase:

"Eu não atendo pretos, era só o que faltava!".

Ao que o cliente disse "Não volto mais a este estabelecimento, não tenho que aturar isto!".

5. No dia 18 de Setembro de 2005, disse a um cliente habitual, depois de este ter feito uma reclamação de um livro:

"Você não queria mais nada, se quer um livro novo terá de o pagar".

O cliente perante tal afirmação manifestou o seu desagrado, tendo inclusive redigido uma reclamação no respectivo livro.

6. Não me recordo da presença de outras pessoas, para além do Sr...., gerente.

Nada mais tendo a acrescentar foi o presente auto, depois de lido e conferido, atestado conforme e devidamente assinado.

O instrutor,
_____

O declarante,
_____

(PROPOSTA DE) RELATÓRIO PRELIMINAR

I – No dia 01.10.2005, o empregador ..., no uso do poder disciplinar de que é titular, lavrou auto de ocorrência em virtude de comportamentos alegadamente praticados pelo trabalhador ..., vendedor, susceptíveis de integrar sanção disciplinar, dando instrução para abertura de inquérito, afim de averiguar todas as circunstâncias de modo, tempo e lugar e de apurar a eventual culpa do referido trabalhador.

Para o efeito nomeou instrutor o Exmo. Sr. Dr. ..., Advogado, com escritório na Rua ....

Com o referido auto, o empregador juntou cópia do contrato celebrado com aquele trabalhador e arrolou, para serem inquiridos, o Exmo. Sr. ..., gerente de loja, residente na Rua ... e o Exmo. Sr. ... vendedor, residente na Rua.....

II – No dia 01.10.2005, o instrutor, procedeu à abertura do referido inquérito.

No decurso do qual foram inquiridos, depois de devidamente convocados, o Exmo. Sr. ..., gerente de loja, residente na Rua... e o Exmo. Sr. ... vendedor, residente na Rua.....

Analisados e apreciados tais depoimentos escritos, concluímos que, há fortes indícios de que o trabalhador ..., tenha praticado os seguintes factos:

a) No dia 01 de Setembro de 2005, desobedeceu ao seu superior hierárquico o Sr...., gerente de loja, recusando limpar a estante de exposição de livros;

b) No dia 06 de Setembro de 2005, disse ao mesmo gerente, depois de este lhe ter pedido para limpar as estantes de arquivo, a seguinte frase:

"Eu não limpo nada se quer a loja limpa, limpe-a Você".

c) No dia 17 de Setembro de 2005, recusou-se atender um cliente de cor negra, proferindo a seguinte frase:

"Eu não atendo pretos, era só o que faltava!";

d) Ao que o cliente disse *"Não volto mais a este estabelecimento, não tenho que aturar isto!"*.

e) No dia 18 de Setembro de 2005, disse a um cliente habitual, depois de este ter feito uma reclamação de um livro:

"Você não queria mais nada, se quer um livro novo terá de o pagar";

f) O cliente perante tal afirmação manifestou o seu desagrado, tendo inclusive redigido uma reclamação no respectivo livro;

Tais factos foram presenciados pelas seguintes testemunhas:

1. ..., gerente de loja, residente na Rua...;

2. ..., vendedor, residente na Rua....

III – Com as condutas supra referidas o trabalhador:

– desrespeitou e não tratou com urbanidade e probidade os seus superiores hierárquicos e o empregador;

– não realizou o seu trabalho com diligência e zelo;

– não cumpriu as ordens e instruções dadas pelo empregador respeitantes à execução e disciplina do trabalho,

violando, entre outros, os deveres previstos nas als. a), c) e d), do art. 121.º, do CT.

IV – Analogamente, com tais condutas graves e culposas:

– desobedeceu a ordens dadas por responsáveis hierarquicamente superiores;

– violou direitos e garantias de trabalhadores da empresa;

– provocou repetidamente conflitos com outros trabalhadores da empresa;

– manifestou desinteresse repetido pelo cumprimento, com a diligência devida, das obrigações inerentes ao exercício da sua função;

– lesou interesses patrimoniais sérios da empresa,

assumindo comportamentos que, pela sua gravidade e consequências, tornaram impossível a subsistência da relação de trabalho, constituindo justa causa de despedimento, nos termos do art. 396.º, n.ᵒˢ 1 e 3, als. a), b), c), d) e e), do CT.

V – Se ficar provado que o trabalhador ... agiu conforme supra descrito, o empregador ... pode e pretende promover o seu despedimento.

VI – A relação laboral em crise não está abrangida por qualquer Instrumento de Regulamentação Colectiva, sendo-lhe aplicáveis as normas do Código do Trabalho.

Pelo exposto propõe-se, desde já, que seja elaborada a respectiva nota de culpa, que deverá ser comunicada ao trabalhador ... juntamente com a respectiva intenção de despedimento.

...., 07 de Outubro de 2005

(O Instrutor)

(PROPOSTA DE) AUTO DE ABERTURA DE PROCEDIMENTO DISCIPLINAR

Aos 07 de Outubro de 2005, procede-se à abertura de procedimento disciplinar contra o trabalhador ..., vendedor, em virtude dos factos constantes do inquérito que aqui se junta.

(O instrutor)
_____

(PROPOSTA DE) NOTA DE CULPA (ART. 411.º, N.º 1, DO CT)

A empresa ..., no âmbito do procedimento disciplinar que move contra o seu trabalhador ..., vendedor, com intenção de despedimento, vem, em cumprimento do disposto no art. 411.º, n.º 1, do CT, deduzir a presente nota de culpa, nos termos e com os seguintes fundamentos:

1.º
A empresa ... é titular de um estabelecimento comercial sito na Rua..., onde se dedica à comercialização de livros.

2.º
Em 30 de Janeiro de 1998, admitiu ao seu serviço, mediante contrato de trabalho sem termo, o arguido que, sob a sua autoridade e direcção, exerceu as funções de vendedor,

3.º
laborando no aludido estabelecimento das 9:00 horas às 13:00 horas e das 15:00 às 19:00,

4.º
mediante uma retribuição mensal de € 600,00.

5.º
No dia 01 de Setembro de 2005, desobedeceu ao seu superior hierárquico, o Sr...., gerente de loja, recusando limpar a estante de exposição de livros, sem dar qualquer satisfação ou justificação.

6.º
No dia 06 de Setembro de 2005, disse ao mesmo gerente, depois de este lhe ter pedido para limpar as estantes de arquivo, a seguinte frase:
"Eu não limpo nada se quer a loja limpa, limpe-a Você".

7.º
Tais ordens foram dadas com o maior profissionalismo e respeito.

8.º
Por outro lado, as tarefas que foram solicitadas enquadravam-se no âmbito da actividade para que foi contratada o arguido, nos termos do art. 151.º, n.º 1, do CT.

9.º
No dia 17 de Setembro de 2005, recusou-se atender um cliente de cor negra, proferindo a seguinte frase:
"*Eu não atendo pretos, era só o que faltava!*";

10.º
Ao que o cliente disse "*Não volto mais a este estabelecimento, não tenho que aturar isto!*".

11.º
No dia 18 de Setembro de 2005, disse a um cliente habitual, depois de este ter feito uma reclamação de um livro:
"*Você não queria mais nada, se quer um livro novo terá de o pagar*".

12.º
O cliente perante tal afirmação manifestou o seu desagrado, tendo inclusive redigido uma reclamação no respectivo livro.

13.º
Com as condutas supra referidas, o arguido:
– desrespeitou e não tratou com urbanidade e probidade os seus superiores hierárquicos, o empregador e os clientes;
– não realizou o seu trabalho com diligência e zelo;
– não cumpriu as ordens e instruções dadas pelo empregador respeitantes à execução e disciplina do trabalho,
violando, entre outros, os deveres previstos nas als. a), c) e d), do art. 121.º, do CT.

14.º
Analogamente, com tais condutas:
– desobedeceu a ordens dadas por responsáveis hierarquicamente superiores;
– violou direitos e garantias de trabalhadores da empresa;
– provocou repetidamente conflitos com outros trabalhadores da empresa e com clientes;
– manifestou desinteresse repetido pelo cumprimento, com a diligência devida, das obrigações inerentes ao exercício da sua função;
– lesou interesses patrimoniais sérios da empresa,

assumindo comportamentos que, pela sua gravidade e consequências, tornaram impossível a subsistência da relação de trabalho, constituindo justa causa de despedimento, nos termos do art. 396.º, n.ᵒˢ 1 e 3, als. a), b), c), d) e e), do CT.

Pelo exposto, pretende o empregador despedir o trabalhador em causa.

...., 07 de Outubro de 2005

(O Instrutor)

NOTA:

A notificação da nota de culpa, juntamente com a comunicação da intenção de despedimento, é obrigatória, nos termos do art. 411.º, n.º 1, do CT.

Na nota de culpa será vertido todo o factualismo subjacente à vontade de despedir, com "descrição circunstanciada (quem, como, quando, onde) dos factos" que são imputados ao trabalhador. Da nota de culpa deverá constar, ainda, a *intenção de proceder ao despedimento* (art. 411.º, n.º 1, do CT).

O procedimento que se afaste deste regime padecerá de invalidade, ocorrendo, por consequência a ilicitude do despedimento (art. 430.º, n.º 2, al. *a*), do CT), sem prejuízo de responsabilidade contra-ordenacional (art. 681.º, n.º 1, al. *b*), do CT).

Na mesma data é remetida à comissão de trabalhadores da empresa cópia daquela comunicação e da nota de culpa (art. 411.º, n.º 2, do CT) e à associação sindical respectiva, se o trabalhador for representante sindical (art. 411.º, n.º 3, do CT). Tratando-se de micro-empresa, estas formalidades são dispensadas, salvo no caso de o trabalhador ser membro da comissão de trabalhadores ou representante sindical pois, em tal caso, será aplicado o regime geral (art. 418.º, n.ᵒˢ 3 e 4, do CT).

A comunicação da nota de culpa interrompe os prazos de reacção disciplinar previstos no art. 372.º, do CT (art. 411.º, n.º 4, do CT).

O Código do Trabalho vem, pela primeira vez, permitir a correcção, em fase judicial, de determinados vícios formais que determinaram a invalidade do procedimento (e, por consequência, a ilicitude do despedimento, *v.* art. 430.º, n.º 2, do CT). Assim, o art. 436.º, n.º 2, do CT permite a reabertura do procedimento disciplinar até ao termo do prazo para contestar (iniciando-se os prazos do art. 372.º, do CT[35], que o art. 411.º, n.º 4, do CT, havia interrompido), *não se podendo aplicar esta possibilidade de reabertura mais do que uma vez.*

---

[35] Prazos de exercício da acção disciplinar.

Tenha-se presente, no entanto, que a faculdade de sanar os vícios do procedimento disciplinar é estritamente conferida nos casos de invalidade procedimental (e não no sentido de corrigir um despedimento geneticamente ilícito), mais precisamente, nos casos previstos no n.º 2, do art. 430.º, do CT, que a seguir se elencam:
– falta de comunicação da intenção de despedir (al. *a*));
– desrespeito pelo formalismo subjacente à nota de culpa (al. *a*));
– violação do princípio do contraditório, quanto à resposta à nota de culpa (art. 413.º, do CT), à realização da instrução (art. 414.º, do CT) e à falta de audição do trabalhador no procedimento de despedimento das microempresas (art. 418.º, n.º 2, do CT), nos termos da al. *b*);
– falta de redução a escrito da decisão de despedimento e respectivos fundamentos (art. 415.º ou art. 418.º, n.º 3, segundo o previsto no art. 430.º, n.º 2, al. *c*), do CT)[36].

O regime correctivo já não será aplicável nos casos em que o despedimento:
"– não tiver sido precedido do respectivo procedimento disciplinar (art. 429.º, al. *a*), do CT);
– se fundar em motivos políticos, ideológicos, étnicos ou religiosos, ainda que com invocação de motivo diverso (art. art. 429.º, al. *b*), do CT);
– se forem declarados improcedentes os motivos justificativos invocados para o despedimento (art. 429.º, al. *c*), do CT)"[37].

A norma em questão foi alvo de apreciação pelo Tribunal Constitucional (Ac. 306/2003)[38], declarando este orgão a sua conformidade constitucional.[39]

"Conclui-se, assim, que a norma constante do n.º 2 do artigo 436.º do Código do Trabalho, que, como se viu, é inaplicável aos casos de inexistência de processo disciplinar e não consente o alargamento das imputações consentidas na nota de culpa a novos factos, conhecidos há mais de 60 dias pelo empregador ou pelo superior hierárquico com competência disciplinar, não padece de inconstitucionalidade".

---

[36] *In* PAULA QUINTAS e HELDER QUINTAS, "Código...", p. 965.
[37] *Idem*.
[38] DR-A, de 18 de Julho de 2003.
[39] Em posição contrária, *v.*, entre outros, LEAL AMADO, "Algumas notas sobre o regime do despedimento", VII CNDT (Memórias), Almedina, 2004, p. 285; JOSÉ JOÃO ABRANTES, "O Código do Trabalho e a Constituição", QL, n.º 22, p. 144, JÚLIO GOMES e RAQUEL CARVALHO, " Código do Trabalho – a (in)constitucionalidade das normas relativas à repetição do procedimento disciplinar e à reintegração", QL, n.º 22, p. 212.
Em sentido oposto, *v.* ROMANO MARTINEZ e outros, "Código do Trabalho...", p. 628 e LUÍS GONÇALVES DA SILVA, "Estudos de Direito do Trabalho (Código do Trabalho)", vol. I, EIDT, Almedina, 2004, p. 46.

(PROPOSTA DE) CARTA DE NOTIFICAÇÃO DA NOTA DE CULPA COM A RESPECTIVA INTENÇÃO DE DESPEDIMENTO (ART. 411.º, N.º 1, DO CT)

Exmo. Senhor:
...
Rua ...
...

2005.10.07
Registada c/Aviso de Recepção

ASSUNTO: Notificação de nota de culpa e de abertura de procedimento disciplinar com intenção de despedimento

Exmo. Senhor:

Somos pela presente a comunicar que face aos comportamentos assumidos por V. Exa. nos passados dias 01, 06, 17 e 18 de Setembro de 2005, o seu empregador, no exercício do poder disciplinar de que é titular, decidiu instaurar-lhe procedimento disciplinar, com intenção de proceder ao seu despedimento com justa causa.

Informamos que deverá, querendo, apresentar a sua defesa por escrito e/ou requerer quaisquer diligências de prova, no prazo de 10 dias úteis a contar da data de recepção da presente comunicação, conforme previsto no art. 413.º, do CT.

Em cumprimento do disposto no art. 411.º, n.º 1, do CT, junto enviamos nota de culpa.

Informo, ainda, que a resposta à nota de culpa deverá ser enviada para o escritório do instrutor nomeado, o Exmo. Sr. Dr. ..., com escritório na Rua ....

O processo encontra-se à sua disposição para consulta nesta morada.

Com os meus melhores cumprimentos,

(O instrutor)

NOTA:
A notificação da nota de culpa, juntamente com a comunicação da intenção de despedimento, é obrigatória nos termos do art. 411.º, n.º 1, do CT.

A falta de comunicação da intenção de despedimento e da nota de culpa é causa de invalidade do procedimento disciplinar, nos termos do art. 430.º, n.º 2, al. *a)*, do CT.

(PROPOSTA DE) CARTA DE REMISSÃO DE CÓPIA DA COMUNICAÇÃO DA INTENÇÃO DE DESPEDIMENTO E DA NOTA DE CULPA À COMISSÃO DE TRABALHADORES (ART. 411.º, N.º 2, DO CT)

Comissão de trabalhadores da empresa ...
Rua ...

2005.10.07
Registada c/A.R.

ASSUNTO: Envio de cópia da comunicação de intenção de despedimento e da nota de culpa decorrentes do procedimento disciplinar instaurado ao trabalhador ...

Exmos. Senhores:

Na qualidade de instrutor nomeado no procedimento disciplinar que o empregador ... decidiu instaurar ao trabalhador..., vendedor, junto remeto respectiva cópia da comunicação de intenção de proceder ao seu despedimento e da nota de culpa, conforme impõe o art. 411.º, n.º 2, do CT.

Com os meus melhores cumprimentos,

(O instrutor)

NOTA:

A necessidade de remeter à comissão de trabalhadores da empresa cópia da comunicação de intenção de despedimento e da nota de culpa está consagrada no art. 411.º, n.º 2, do CT.

A inobservância desta norma é causa de invalidade do procedimento disciplinar, nos termos do art. 430.º, n.º 2, al. *a*), do CT.

(PROPOSTA DE) TERMO DE ENTREGA DA COMUNICAÇÃO DA INTENÇÃO DE DESPEDIMENTO E DA NOTA DE CULPA

Na qualidade de instrutor ..., entreguei, na presente data, ao trabalhador ..., vendedor, na qualidade de arguido no procedimento disciplinar que lhe foi instaurado pelo empregador ..., declaração, contendo a comunicação da intenção de proceder ao seu despedimento e a respectiva nota de culpa contra si deduzida.

Declara o arguido que a recebeu e que ficou ciente do seu conteúdo.

...., 07 de Outubro de 2005

O trabalhador-arguido,

                                          O instrutor,

NOTA:
A comunicação da intenção de despedimento e da nota de culpa, prevista no art. 411.º, n.º 1, do CT, pode ser efectuada mediante entrega pessoal ao trabalhador.

(PROPOSTA DE) CARTA A ENVIAR RESPOSTA À NOTA DE CULPA

Exmo. Senhor:
Dr. ...
Rua ...

2005.10.11
Registada c/A.R.

ASSUNTO: Envio de resposta à nota de culpa

Exmo. Sr. Dr.,

Sou pela presente a enviar resposta à nota de culpa deduzida contra mim e recebida no dia 2005.10.09.

Com os meus melhores cumprimentos,

(O arguido)

JUNTA: Resposta à nota de culpa.

NOTA:
O exercício do direito de resposta previsto no art. 413.º, do CT, resulta do princípio do contraditório.

O desrespeito pelo princípio do contraditório determina a invalidade do procedimento disciplinar, nos termos do art. 430.º, n.º 2, al. b), do CT.

(PROPOSTA DE) RESPOSTA À NOTA DE CULPA
(ART. 413.º, DO CT)

..., vendedor, trabalhadora da empresa ..., vem, ao abrigo do art. 413.º, do CT,

Apresentar a sua resposta

à nota de culpa deduzida no âmbito do procedimento disciplinar que lhe foi instaurado, nos termos e com os seguintes fundamentos:

1.º

O arguido foi e continua a ser um trabalhador responsável, tendo, no exercício das suas funções, agido sempre de modo zeloso, diligente e empenhado.

2.º

É falso que, no dia 01 de Setembro de 2005, tenha recusado limpar a estante de exposição de livros, após ordem do Sr. ..., gerente e que

3.º

no dia 06 de Setembro de 2005, tenha dito ao Sr...., gerente: *"Eu não limpo nada se quer a loja limpa, limpe-a Você"*.

4.º

É, igualmente, falso que no dia 17 de Setembro de 2005, tenha recusado atender um cliente de cor negra, proferindo a seguinte frase:
"Eu não atendo pretos, era só o que faltava!",

5.º

bem como que, no dia 18 de Setembro de 2005, tenha dito a um cliente habitual, depois de este ter feito uma reclamação de um livro:
"Você não queria mais nada, se quer um livro novo terá de o pagar".

6.º

Pelo exposto, são falsos os factos vertidos nos arts. 5.º, 6.º, 9.º, 10.º e 11.º, da nota de culpa.

7.º

Cumpre, ainda, salientar que o arguido nunca entrou em conflito com os seus colegas de trabalho, com o empregador, com os seus superiores hierárquicos ou com os clientes, aliás, sempre teve e continua a ter um bom relacionamento com os seus colegas.

8.º
De igual forma, nunca desobedeceu às ordens que lhe foram e são dadas.

9.º
Em suma, o arguido nunca adoptou qualquer comportamento violador dos seus deveres contratuais e/ou que motivasse a aplicação de alguma sanção disciplinar por parte do empregador.

10.º
Assim, é falso o vertido nos arts. 13.º e 14.º, da nota de culpa.

Termos em que deve o presente procedimento disciplinar ser arquivado.

TESTEMUNHAS A INQUIRIR:
1. ..., vendedor, residente na Rua...;
2 ..., comerciante, residente na Rua....

JUNTA: Procuração.

O Advogado,

NOTA:
O trabalhador para responder à nota de culpa não tem que constituir mandatário.

Na resposta à nota de culpa (apresentada no prazo agora alargado de 10 dias úteis) o trabalhador apresentará contestação (ou esclarecimento) dos factos que lhe são imputados e indicará as diligências probatórias que entenda convenientes (art. 413.º, do CT).

Em caso algum, a falta de resposta à nota de culpa valerá como confissão dos factos. Com efeito, ao trabalhador é conferida a faculdade de exercer ou não o direito de resposta.

A lei considera como inválido o procedimento disciplinar que viole o princípio do contraditório (art. 430.º, n.º 2, al. b), do CT), sem prejuízo de responsabilidade contra-ordenacional (art. 681.º, n.º 1, al. b), do CT).

Tratando-se de micro-empresa, a lei prevê a audição do trabalhador, que a poderá substituir, "no prazo de 10 dias" úteis contados da notificação da nota de culpa, por alegação escrita dos elementos que considere relevantes para o esclarecimento dos factos e da sua participação nos mesmos, podendo requerer a audição de testemunhas (art. 418.º, n.º 2, do CT). Se se tratar de trabalhador membro da comissão de trabalhadores ou representante sindical, aplica-se o regime geral (art. 418.º, n.º 4, do CT).

(PROPOSTA DE) CARTA DE NOTIFICAÇÃO DO TRABALHADOR-ARGUIDO DA DATA E LOCAL DESIGNADOS PARA INQUIRIÇÃO DAS TESTEMUNHAS POR SI ARROLADAS (ART. 414.º, N.ºˢ 1 E 2, DO CT)

Exmo. Senhor:
...
Rua ...

2005.10.14
Registada c/A.R.

ASSUNTO: Notificação da data e local designado para inquirição da testemunha por si arrolada no âmbito do procedimento disciplinar que lhe foi instaurado pelo empregador...

Exmo. Senhor:

Em cumprimento do disposto no art. 414.º, n.ºˢ 1 e 2, do CT, sou pela presente e na qualidade de instrutor do procedimento disciplinar em epígrafe, a comunicar que foi designado o dia 2005.10.20, pelas 10:00 horas, nas instalações do empregador, sitas na Rua ..., para inquirição da testemunha ..., por si arrolada.
Desta forma, solicito a V. Exa. que assegure a presença da referida testemunha na hora e local indicados ou, no caso de motivo impeditivo, que proceda à comunicação atempada da falta.

Com os meus melhores cumprimentos,

(O instrutor)
_____

NOTA:
Cabe ao trabalhador assegurar a comparência das testemunhas por si arroladas, na respectiva audição, nos termos do art. 414.º, n.º 2, parte final, do CT.
Se o arguido tiver constituído mandatário, a notificação da data e local designados para a inquirição das testemunhas poderá ser feita neste último.

Na instrução, o titular do poder disciplinar realizará as diligências probatórias consideradas oportunas e necessárias. O poder discricionário que a lei lhe atribui obriga-o, no entanto, a fundamentar por escrito a não realização das diligências que considere dilatórias ou impertinentes (art. 414.º, n.º 1, do CT).

A instrução da prova testemunhal apenas admite, em nome da celeridade procedimental, 10 testemunhas, sendo admitidas 3 testemunhas por cada facto descrito na nota de culpa (art. 414.º, n.º 2, do CT).

O processo é depois apresentado, por cópia integral, à comissão de trabalhadores e à associação sindical respectiva, tratando-se de trabalhador representante sindical, para efeito de junção de parecer fundamentado, no prazo de 5 dias úteis (art. 414.º, n.º 3, do CT).

Tratando-se de trabalhadora grávida, puérpera ou lactante, a lei obriga ainda ao parecer prévio da entidade com competência na área da igualdade de oportunidades entre homens e mulheres (art. 51.º, n.º 1, do CT), sob pena de invalidade procedimental (art. 51.º, n.º 4, do CT). Se o parecer for desfavorável ao despedimento, este só pode ser efectuado pelo empregador após decisão judicial que reconheça a existência de motivo justificativo (art. 51.º, n.º 5, do CT).

A entidade competente na área da igualdade de oportunidades entre homens e mulheres é o Comité para a Igualdade no Trabalho e no Emprego (CITE, v. www.cite.gov.pt).

A lei considera como inválido o procedimento disciplinar que viole o princípio do contraditório (art. 430.º, n.º 2, al. *b*), do CT), sem prejuízo de responsabilidade contra-ordenacional (art. 681.º, n.º 1, al. *b*), do CT).

Tratando-se de micro-empresa, é dispensado o procedimento previsto no art. 414.º, do CT, salvo se o trabalhador for membro da comissão de trabalhadores ou representante sindical, pois, em tal caso, será aplicado o regime geral (art. 418.º, n.º 4, do CT).

(PROPOSTA DE) CARTA DO ARGUIDO A SOLICITAR NOVA DATA PARA INQUIRIÇÃO DE TESTEMUNHA POR SI ARROLADA

Exmo. Senhor:
Dr. ...
Rua ...

2005.10.17
Registada c/A.R.

ASSUNTO: Impossibilidade de comparência da testemunha ... na data e local designados para a sua inquirição no âmbito do procedimento disciplinar que me foi instaurado pelo empregador ...

Exmo. Senhor Dr.,

No seguimento da V. missiva de 2005.10.14, sou pela presente a informar que a testemunha ..., não pode comparecer no dia 2005.10.20, pelas 10:00 horas, nas instalações da empresa ..., sita na Rua ..., para ser inquirida.

Desta forma, solicito a V. Exa. que designe nova data e local para o efeito referido.

Com os meus melhores cumprimentos,

(O arguido)

(PROPOSTA DE) AUTO DE INQUIRIÇÃO DE TESTEMUNHA

Aos 25 de Outubro de 2005, perante mim, ..., instrutor do inquérito instaurado pela empresa ... contra o trabalhador..., compareceu o Exmo. Sr. ..., indicado como testemunha nos presentes autos, o qual inquirido sobre os factos declarou o seguinte:

1. É colega de trabalho do arguido há mais de quatro anos, sempre tiveram e continuam a ter um bom relacionamento.

2. O arguido é muito respeitado e frequentemente elogiado pelos seus superiores hierárquicos.

3. Nunca assistiu a nenhum comportamento desrespeitoso do arguido perante colegas de trabalho ou clientes.

Nada mais tendo a acrescentar foi o presente auto, depois de lido e conferido, atestado conforme e devidamente assinado.

O instrutor,
_____

O declarante,
_____

(PROPOSTA DE) DESPACHO DE INDEFERIMENTO DE INQUIRIÇÃO DE TESTEMUNHAS (ART. 414.º, N.º 1, PARTE FINAL, DO CT)

No âmbito do procedimento disciplinar instaurado pelo empregador ..., o arguido, no exercício do direito de resposta, arrolou, a fim de ser inquirido como testemunha, o Exmo. Senhor ..., comerciante, residente na Rua....

Acontece que, a referida testemunha esteve durante todo o mês de Setembro de 2005 internada no Hospital ..., sendo como tal, absolutamente impossível que tenha conhecimento directo das condutas imputadas ao arguido praticadas nessa data.

Pelo exposto, decide-se, não proceder à sua inquirição por esta se manifestar impertinente para o apuramento da verdade e para a comprovação dos factos em causa no presente procedimento disciplinar, nos termos do art. 414.º, n.º 1, do CT.

.... 25 de Outubro de 2005

(O instrutor)

NOTA:

O empregador, que não proceda às diligências probatórias requeridas na resposta à nota de culpa, por as considerar dilatórias ou impertinentes, deve alegar e fundamentar tal facto por escrito, conforme previsto no art. 414.º, n.º 1, do CT.

(PROPOSTA DE) CARTA DE APRESENTAÇÃO DE CÓPIA INTEGRAL DO PROCEDIMENTO DISCIPLINAR À COMISSÃO DE TRABALHADORES (ART. 414.º, N.º 3, DO CT)

Comissão de Trabalhadores da empresa ...
Rua ...

2005.10.26
Registada c/A.R.

ASSUNTO: Envio de cópia integral do procedimento disciplinar instaurado ao trabalhador ...

Exmos. Senhores:

Na qualidade de instrutor nomeado no procedimento disciplinar que o empregador ... decidiu instaurar ao trabalhador ..., vendedor, junto remeto cópia integral do referido procedimento disciplinar, conforme impõe o art. 414.º, n.º 3, do CT.

Aproveitamos, ainda, para informar que no prazo de 5 dias úteis, podem juntar ao processo parecer fundamentado, ao abrigo do n.º 3, parte final, do art. 414.º, do CT.

Com os nossos melhores cumprimentos,

(O instrutor)

NOTA:
A necessidade de apresentação do procedimento disciplinar à comissão de trabalhadores está consagrada no art. 414.º, n.º 3, do CT.

(PROPOSTA DE) RELATÓRIO FINAL

1. O empregador ... é titular de um estabelecimento comercial sito na Rua..., onde se dedica à comercialização de livros.

Em 30 de Janeiro de 1998, admitiu ao seu serviço, mediante contrato de trabalho sem termo, o trabalhador ... que, sob a sua autoridade e direcção, exerceu as funções de vendedor, laborando no aludido estabelecimento das 9:00 horas às 13:00 horas e das 15:00 às 19:00, mediante uma retribuição mensal de € 600,00 (Seiscentos euros).

A relação laboral em crise não está abrangida por qualquer Instrumento de Regulamentação Colectiva, sendo-lhe aplicável as normas do Código do Trabalho.

2. Em 01.10.2005, foi lavrado auto de ocorrência referente a comportamentos do trabalhador ..., alegadamente violadores dos seus deveres contratuais e que, para além de afectarem a confiança e o respeito que existia na relação de trabalho, constituem infracção disciplinar.

Nessa mesma data, o empregador ... decidiu instaurar procedimento disciplinar àquele trabalhador, nomeando como instrutor o Exmo. Sr. Dr...., Advogado, com escritório na Rua ....

Com a nota de ocorrência foi junta cópia do contrato de trabalho celebrado entre o trabalhador ... e o empregador ....

3. Em 01.10.2005, o instrutor nomeado procedeu à abertura de inquérito para averiguação e apuramento da eventual responsabilidade do referido trabalhador e das circunstâncias de modo, tempo e lugar em que as infracções foram alegadamente cometidas.

Neste âmbito foram inquiridas, em 06.10.2004, as seguintes testemunhas indicadas no auto de ocorrência: ..., gerente de loja, residente na Rua... e ..., vendedor, residente na Rua....

4. Em 07.10.2005, foi elaborado relatório preliminar onde se concluiu que havia fortes probabilidades de o trabalhador ... ter praticado os comportamentos de que vinha indiciado.

5. Nessa mesma data, procedeu-se à abertura de procedimento disciplinar ao trabalhador ..., vendedor, em virtude dos factos apurados no inquérito.

6. Em 07.10.2005, foi elaborada nota de culpa, na qual o trabalhador ... foi acusado de ter praticado os seguintes factos:

a) No dia 01 de Setembro de 2005, desobedeceu ao seu superior hierárquico o Sr...., gerente de loja, recusando limpar a estante de exposição de livros, sem dar qualquer satisfação ou justificação;

b) No dia 06 de Setembro de 2005, disse ao mesmo gerente, após este lhe ter pedido que limpasse as estantes de arquivo, a seguinte frase:
"*Eu não limpo nada, se quer a loja limpa, limpe-a Você*";
c) No dia 17 de Setembro de 2005, recusou-se atender um cliente de cor negra, proferindo a seguinte frase:
"*Eu não atendo pretos, era só o que faltava!*";
d) Ao que o cliente disse: "*Não volto mais a este estabelecimento, não tenho que aturar isto!*".
e) No dia 18 de Setembro de 2005, disse a um cliente habitual, depois de este ter feito uma reclamação de um livro:
"*Você não queria mais nada, se quer um livro novo terá de o pagar*";
f) O cliente perante tal afirmação manifestou o seu desagrado, tendo inclusive redigido uma reclamação no respectivo livro.

Com as condutas supra referidas o arguido:
– desrespeitou e não tratou com urbanidade e probidade os seus superiores hierárquicos, o empregador e os clientes;
– não realizou o seu trabalho com diligência e zelo;
– não cumpriu as ordens e instruções dadas pelo empregador respeitantes à execução e disciplina do trabalho,
violando, entre outros, os deveres previstos nas als. *a)*, *c)* e *d)*, do art. 121.º, do CT.

Analogamente, com tais condutas:
– desobedeceu a ordens dadas por responsáveis hierarquicamente superiores;
– violou direitos e garantias de trabalhadores da empresa;
– provocou repetidamente conflitos com outros trabalhadores da empresa;
– manifestou desinteresse repetido pelo cumprimento, com a diligência devida, das obrigações inerentes ao exercício da sua função;
– lesou interesses patrimoniais sérios da empresa,
assumindo comportamentos que, pela sua gravidade e consequências, tornaram impossível a subsistência da relação de trabalho, constituindo justa causa de despedimento, nos termos do art. 396.º, n.os 1 e 3, als. *a)*, *b)*, *c)*, *d)* e *e)*, do CT.

7. No dia 07.10.2005, o arguido foi notificado da nota de culpa e da intenção do empregador ... proceder ao seu despedimento.

8. Nessa mesma data, foi enviada à Comissão de Trabalhadores cópia da comunicação de intenção de despedimento e da nota de culpa elaborada no âmbito do procedimento disciplinar instaurado ao arguido.

9. Em 11.10.2005, o arguido, depois de devidamente notificado da nota de culpa, apresentou a sua resposta no prazo legal, alegando em síntese que:

a) Sempre foi um trabalhador responsável, tendo, no exercício das suas funções, agido de modo zeloso, diligente e empenhado;

b) É falso que, no dia 01 de Setembro de 2005, tenha recusado limpar a estante de exposição de livros, após ordem do Sr. ..., gerente e que no dia 06 de Setembro de 2005, tenha dito ao Sr...., gerente: *"Eu não limpo nada se quer a loja limpa, limpe-a Você"*.

c) É, igualmente, falso que no dia 17 de Setembro de 2005, tenha recusado atender um cliente de cor negra, proferindo a seguinte frase: *"Eu não atendo pretos, era só o que faltava!"*, bem como que, no dia 18 de Setembro de 2005, tenha dito a um cliente habitual, depois de este ter feito uma reclamação de um livro:

"Você não queria mais nada, se quer um livro novo terá de o pagar".

d) Nunca entrou em conflito com os seus colegas de trabalho, com o empregador, com os seus superiores hierárquicos ou com os clientes, aliás, sempre teve e continua a ter um bom relacionamento com os seus colegas.

e) De igual forma, nunca desobedeceu às ordens que lhe foram e são dadas.

f) Em suma, nunca adoptou qualquer comportamento violador dos seus deveres contratuais e/ou que motivasse a aplicação de alguma sanção disciplinar por parte do empregador.

Concluindo pelo arquivamento do procedimento disciplinar que lhe foi instaurado.

10. O arguido arrolou as seguintes testemunhas:

– ..., caixa, residente na Rua...;

– ..., comerciante, residente na Rua....

11. Em 25.10.2005, a testemunha ..., caixa, foi inquirida sobre os factos constantes dos autos.

12. A testemunha ..., comerciante (arrolada pelo arguido) não podia ter conhecimento dos factos dos autos, pois na data em que os mesmos se verificaram encontrava-se internada no Hospital ..., por esse motivo a sua inquirição era impertinente para o apuramento da verdade e para a comprovação dos factos em causa no presente procedimento disciplinar, pelo que foi dispensada.

13. Em 26.10.2005, foi enviada, à comissão de trabalhadores, cópia integral do procedimento disciplinar instaurado ao arguido.

14. A comissão de trabalhadores não juntou parecer fundamentado nos termos do art. 414.º, n.º 3, do CT.

15. No presente procedimento disciplinar ficou provado que:

a) A empresa ... é titular de um estabelecimento comercial sito na Rua..., onde se dedica à comercialização de livros;

b) Em 30 de Janeiro de 1998, admitiu ao seu serviço, mediante contrato de trabalho sem termo, o arguido que, sob a sua autoridade e direcção, exerceu as funções de vendedor, laborando no aludido estabelecimento das 9:00 horas às 13:00 horas e das 15:00 às 19:00, mediante uma retribuição mensal de € 600,00 (Seiscentos euros);

c) No dia 01 de Setembro de 2005, desobedeceu ao seu superior hierárquico o Sr...., gerente de loja, recusando limpar a estante de exposição de livros, sem dar qualquer satisfação ou justificação;

d) No dia 06 de Setembro de 2005 disse ao mesmo gerente, depois de este lhe ter pedido para limpar as estantes de arquivo, a seguinte frase:

"Eu não limpo nada se quer a loja limpa, limpe-a Você";

e) Tais ordens foram dadas com o maior profissionalismo e respeito;

f) Por outro lado, as tarefas que foram solicitadas enquadravam-se no âmbito da actividade para que foi contratado o arguido, nos termos do art. 151.º, n.º 1, do CT;

g) No dia 17 de Setembro de 2005, recusou-se atender um cliente de cor negra, proferindo a seguinte frase:

"Eu não atendo pretos, era só o que faltava!";

h) Ao que o cliente disse *"Não volto mais a este estabelecimento, não tenho que aturar isto!";*

i) No dia 18 de Setembro de 2005, disse a um cliente habitual, depois de este ter feito uma reclamação de um livro:

"Você não queria mais nada, se quer um livro novo terá de o pagar";

j) O cliente perante tal afirmação manifestou o seu desagrado, tendo inclusive redigido uma reclamação no respectivo livro.

Ficou, assim, provada toda a matéria constante da nota de culpa e que o arguido não conseguiu afastar com a prova apresentada.

16. O arguido praticou os comportamentos objecto do presente procedimento, apesar de saber que não lhe eram permitidos.

Agiu, assim, livre e conscientemente, sabendo que estava a cometer infracções disciplinares que punham em causa a confiança em que assenta a relação de trabalho e que lesavam os interesses e a imagem do empregador.

CONCLUSÕES:

I – No presente procedimento disciplinar ficou provada toda a matéria constante da nota de culpa, que se dá, aqui, por integralmente reproduzida, concluindo-se como na mesma.

II – Com as condutas agora provadas o arguido:
– desrespeitou e não tratou com urbanidade e probidade os seus superiores hierárquicos, o empregador, os colegas de trabalho e os clientes;
– não realizou o seu trabalho com diligência e zelo;
– não cumpriu as ordens e instruções dadas pelo empregador respeitantes à execução e disciplina do trabalho,
violando, entre outros, os deveres previstos nas als. a), c) e d), do art. 121.º, do CT.

III – Analogamente, com tais condutas:
– desobedeceu a ordens dadas por responsáveis hierarquicamente superiores;
– violou direitos e garantias de trabalhadores da empresa;
– provocou repetidamente conflitos com outros trabalhadores da empresa;
– manifestou desinteresse repetido pelo cumprimento, com a diligência devida, das obrigações inerentes ao exercício da sua função;
– Lesou interesses patrimoniais sérios da empresa,
assumindo comportamentos que, pela sua gravidade e consequências, tornaram impossível a subsistência da relação de trabalho, constituindo justa causa de despedimento, nos termos do art. 396.º, n.os 1 e 3, als. a), b), c), d) e e), do CT.

Pelo exposto, em nosso opinião deverá o referido trabalhador ser despedido com justa causa.

.... 05 de Novembro de 2005

(O instrutor)

(PROPOSTA DE) DECISÃO FINAL (ART. 415.º, DO CT)

I – O empregador..., depois de analisado o procedimento disciplinar que mandou instaurar ao trabalhador ... e de analisar as respectivas conclusões, verifica que:

As acusações que constam da nota de culpa, que aqui se dão como integralmente reproduzidas, foram dadas como provadas.

II – Com as condutas agora provadas o arguido desrespeitou e não tratou com urbanidade e probidade os seus superiores hierárquicos, o empregador, os colegas de trabalho e os clientes, não realizou o seu trabalho com diligência e zelo e não cumpriu as ordens e instruções dadas pelo empregador respeitantes à execução e disciplina do trabalho, violando, entre outros, os deveres previstos nas als. *a)*, *c)* e *d)*, do art. 121.º, do CT.

Analogamente, com tais condutas, desobedeceu a ordens dadas por responsáveis hierarquicamente superiores; violou direitos e garantias de trabalhadores da empresa; provocou repetidamente conflitos com outros trabalhadores da empresa; manifestou desinteresse repetido pelo cumprimento (com a diligência devida) das obrigações inerentes ao exercício da sua função e lesou interesses patrimoniais sérios da empresa, assumindo comportamentos que, pela sua gravidade, consequências e grau de culpa, tornaram impossível a subsistência da relação de trabalho, constituindo justa causa de despedimento, nos termos do art. 396.º, n.ºs 1 e 3, als. *a)*, *b)*, *c)*, d) e *e)*, do CT.

No âmbito do poder disciplinar de que sou titular, ao abrigo do disposto no art. 365.º, do CT, decido pelo despedimento imediato por facto imputável ao trabalhador ..., com base nos fundamentos invocados.

.... 06 de Novembro de 2005

(O empregador)

NOTA:

Decorridos os 5 dias que a comissão de trabalhadores tem para juntar o seu parecer, o empregador deve, no prazo de 30 dias, proferir decisão final, sob pena de caducidade do direito disciplinar, nos termos do n.º 1, do art. 415.º, do CT.

A decisão deve ser fundamentada e constar de documento escrito (n.º 2, do art. 415.º, do CT).

Na decisão devem ser ponderadas:

– as circunstâncias do caso;

– a adequação do despedimento à culpabilidade do trabalhador e
– os pareceres que tenham sido juntos nos termos do n.º 3, do art. 414.º, do CT.

Na decisão não podem ser invocados factos não constantes da nota de culpa e/ou da resposta do trabalhador, salvo se, atenuarem ou diminuírem a responsabilidade, conforme resulta da parte final, do n.º 3, do art. 415.º, do CT.

A lei considera como inválido o procedimento disciplinar que omita a redução a escrito da decisão de despedimento e dos seus fundamentos (art. 430.º, n.º 2, al. c), do CT), sem prejuízo de responsabilidade contra-ordenacional (art. 681.º, n.º 1, al. b), do CT).

A decisão final é comunicada ao trabalhador, à comissão de trabalhadores e à associação sindical, se o trabalhador for representante sindical (art. 415.º, n.º 4, do CT).

Tratando-se de micro-empresa, a "decisão do despedimento deve ser fundamentada com discriminação dos factos imputados ao trabalhador, sendo-lhe comunicada por escrito" (art. 418.º, n.º 3, do CT), salvo se o trabalhador for membro da comissão de trabalhadores ou representante sindical, pois, em tal caso, será aplicado o regime geral (art. 418.º, n.º 4, do CT).

A declaração de despedimento logo que recebida ou conhecida pelo trabalhador, determina a cessação do contrato de trabalho (art. 416.º, n.º 1, do CT). Igual efeito possui a declaração de despedimento que não é recebida por culpa do trabalhador (art. 416.º, n.º 2, do CT).

(PROPOSTA DE) CARTA DE COMUNICAÇÃO DA DECISÃO AO TRABALHADOR (ART. 415.º, N.º 4, DO CT)

Exmo. Senhor:
...
Rua ...

2005.11.06
Registada c/A.R.

ASSUNTO: Comunicação da decisão de despedimento proferida no âmbito do procedimento disciplinar que lhe foi instaurado pelo empregador ...

Exmo. Senhor:

Somos pela presente a comunicar que, na sequência do procedimento disciplinar que lhe foi instaurado em 07.10.2005, decidimos proceder ao seu despedimento motivado por comportamentos ilícitos adoptados por V. Exa. que, pela sua gravidade e consequências, tornam imediata e praticamente impossível a manutenção da relação de trabalho.

Em cumprimento do disposto no n.º 4, do art. 415.º, do CT, remetemos em anexo cópia da decisão fundamentada e do relatório final proferidos no âmbito do referido procedimento disciplinar.

Informo, ainda, que o processo encontra-se à sua disposição para consulta nas instalações da empresa, sitas na Rua ....

Com os nossos melhores cumprimentos,

(O empregador)
_____

JUNTA: Cópia do relatório e da decisão finais.

NOTA:
A decisão disciplinar deve ser comunicada, por cópia ou transcrição, ao trabalhador, nos termos do art. 415.º, n.º 4, do CT.

(PROPOSTA DE) CARTA DE REMISSÃO DE CÓPIA DA DECISÃO FUNDAMENTADA À COMISSÃO DE TRABALHADORES

Comissão de Trabalhadores da empresa ...
Rua ...

2005.11.06
Registada c/A.R.

ASSUNTO: Comunicação da decisão de despedimento proferida no âmbito do procedimento disciplinar que foi instaurado ao trabalhador ...

Exmos. Senhores:

Somos pela presente a comunicar que, na sequência do procedimento disciplinar que foi instaurado em 07.10.2005, ao trabalhador ..., vendedor, decidimos proceder ao seu despedimento com justa causa, motivado por comportamentos ilícitos adoptados que, pela sua gravidade e consequências, tornam imediata e praticamente impossível a manutenção da relação de trabalho.

Em cumprimento do disposto no n.º 4, do art. 415.º, do CT, remetemos em anexo cópia da decisão fundamentada e do relatório final proferidos no âmbito do referido procedimento disciplinar.

Com os nossos melhores cumprimentos,

(O empregador)
_____

JUNTA: Cópia do relatório e da decisão finais.

NOTA:
A decisão disciplinar deve ser comunicada, por cópia ou transcrição, à Comissão de Trabalhadores, nos termos do art. 415.º, n.º 4, do CT.

5.3. Despedimentos objectivos *(despedimentos colectivos, por extinção de posto de trabalho e por inadaptação)*

A) DESPEDIMENTO COLECTIVO

a) *Noção*

O despedimento colectivo enquadra-se na figura da resolução, que se caracteriza por ser:

– *objectiva* (*maxime*, porque não assenta em qualquer comportamento imputável ao trabalhador que coloque em crise o contrato de trabalho) e

– *plural* (pois deve compreender um número mínimo de trabalhadores)[40].

O despedimento objectivo, quando *singular*, enquadra-se no despedimento por extinção de posto de trabalho (art. 402.º, do CT).[41]

O despedimento é, no entanto, sempre *causal* (também, aqui, a lei veda os despedimentos *ad nutum*).

Segundo o art. 397.º, do CT os requisitos do despedimento colectivo são os seguintes:

– **âmbito temporal**: cessações contratuais (simultâneas ou sucessivas) que ocorrem num período de 3 meses;

– **âmbito quantitativo**: estipula-se um número mínimo de trabalhadores atingidos, entre dois (nos casos de micro-empresa[42] e

---

[40] **Jurisprudência:**
I– Se o despedimento se inicia como colectivo e em relação a todos os trabalhadores de uma divisão, ele não perde essa característica se, após, a empresa, no âmbito do despedimento colectivo chegou a acordo com todos os trabalhadores, menos um.

II – Assim, o despedimento deste tem de se considerar englobado no despedimento colectivo.
(Ac. STJ, de 06.11.1996, CJ, Ano IV, Tomo III, p. 248).

[41] Conforme explica ROMANO MARTINEZ, "Cessação (Da) do contrato", Almedina, 2005, p. 477, "O despedimento colectivo, por oposição à cessação por extinção de posto de trabalho (art. 402.º do CT), implica que seja abrangida uma pluralidade de trabalhadores, não obstante ser necessariamente emitida uma declaração a cada trabalhador cujo contrato cessa; há, contudo, um motivo comum que determina a extinção individual de vários vínculos laborais".

[42] A que detém no máximo 10 trabalhadores (art. 91.º, n.º 1, al., *a*), do CT).

pequena empresa[43]) a cinco trabalhadores (nos casos de média[44] e grande empresa[45]);

– **âmbito causal:** o despedimento é determinado pelo encerramento de uma ou várias secções ou estrutura equivalente (*v.g.*, departamentos, gabinetes) ou por motivos de mercado, estruturais ou tecnológicos[46], devendo-se, no grosso dos casos, a uma política de *r*edimensionamento[47] (*downsizing*)[48];

– **âmbito pessoal** *indiferenciado*: a lei obriga a um critério de selecção de dispensa de trabalhadores, auto-composto pelo empregador e, aparentemente, insindicável[49].

Conforme resulta do n.º 3, do art. 390.º, do CT, o encerramento definitivo da empresa transitou agora para as causas de caducidade dos contratos de trabalho, embora com observância do procedimento previsto para o despedimento colectivo, ressalvadas as devidas adaptações.

---

[43] A que detém mais de 10 até ao máximo de 50 trabalhadores (art. 91.º, n.º 1, al., *b*), do CT).

[44] A que detém mais de 50 até ao máximo de 200 trabalhadores (art. 91.º, n.º 1, al., *c*), do CT).

[45] A que detém mais de 200 trabalhadores (art. 91.º, n.º 1, al., *d*), do CT).

[46] Indicados no n.º 2, do preceito.

[47] Nas palavras de LOBO XAVIER, *v.* "O despedimento colectivo no dimensionamento da empresa", Verbo, Lisboa, 2000.

[48] **Jurisprudência:** *I – O despedimento colectivo pressupõe a cessação de um conjunto de contratos de trabalho, por iniciativa do empregador, e com uma motivação comum dirigida à mão de obra da empresa, importando a sua redução.*

II – A redução do pessoal é determinada por motivos estruturais, tecnológicos ou conjunturais ou pelo encerramento da empresa ou de uma ou mais das suas secções.

III – Para legalidade do despedimento não pode ter-se em conta só a viabilização da empresa, salvando-a da falência.

IV – A fundamentação do despedimento por motivos estruturais, tecnológicos, económicos ou conjunturais exige um nexo de causalidade entre eles e o despedimento.

V – O despedimento com fundamento em encerramento total ou parcial da empresa só pode ser sindicado no caso de ele ser abusivo, ou simulado, devendo-se respeitar os critérios de gestão da empresa."

(Ac. STJ, de 21.09.2000, CJ, Ano VIII, Tomo III, p. 259).

[49] **Jurisprudência:** Confirma-se também hoje o teor do Ac. da RP, de 05.05.1997 in CJ, Ano XXII, Tomo III, p. 243: "*II – A actual LCCT obriga o empregador a indicar os critérios que servirão de base à selecção dos trabalhadores a despedir, mas não permite que tais critérios sirvam de base à impugnação judicial do despedimento*".

O Código do Trabalhou transpôs nesta matéria a *Directiva n.º 98/59/CE, do Conselho, de 20 de Julho*[50]. Esta directiva (que se abstém de definir *despedimento colectivo* por intencionalmente atribuir tal competência aos respectivos Estados-membros) limita-se a referir que o despedimento não pode ser inerente à pessoa do trabalhador e a estabelecer o âmbito quantitativo e temporal.

O Acórdão do Tribunal de Justiça da União Europeia, de 12 de Outubro de 2004[51]**, condenou o Estado português por transposição incorrecta**[52] **da referida Directiva**, tendo entendido que[53]:

"Ao restringir a noção de despedimento colectivos a despedimentos por razões estruturais, tecnológicas ou conjunturais e ao não alargar esta noção a despedimento por todas a razões não inerentes à pessoa dos trabalhadores, a República Portuguesa não cumpriu as obrigações que lhe incumbem por força dos artigos 1.º e 6.º da Directiva 98/59/CE do Conselho, de 20 de Julho de 1998, relativa a aproximação das legislações dos Estados-membros respeitantes aos despedimentos colectivos".

Para o Tribunal de Justiça, na voz do seu Advogado-Geral *A. Tizzano*, "os casos considerados de falência, liquidação e procedimentos análogos, expropriação, incêndio ou outros motivos de força maior, bem como cessação da actividade da empresa na sequência da morte do empregador" podem subsumir-se no conceito de despedimento colectivo[54].

Conforme já se havia referido: *"Resulta assim, que o interesse para o trabalhador da qualificação da cessação contratual como despedimento colectivo é, na sua essência, a concessão de garantias procedimentais (já que as creditórias aparentemente se concedem em qualquer caso de despedimento não imputável ao trabalhador), a atribuição de uma certa auto-tutela e o apelo a medidas de intervenção social, que atenuam o peso da perda de emprego"*[55].

---

[50] Que revogou a Directiva n.º 75/129, de 17.02.75, com as alterações introduzidas pela Directiva n.º 92/56/CEE, do Conselho, de 24.06.

[51] In http://curia.eu.int/juris.

[52] Em particular, transposição selectiva.

[53] A este propósito, referia PEDRO ROMANO MARTINEZ, "Cessação (Da)...", p. 415, "a Directiva n.º 98/59/CE, do Conselho, de 20 de Julho, sobre cessação do contrato, não distinguindo caducidade de despedimento colectivo, impõe a aplicação do regime do despedimento colectivo em situações qualificáveis como sendo de caducidade do contrato".

[54] Considerando n.º 36.

[55] PAULA QUINTAS, *in* "A dificultosa transposição da Directiva 98/59/CE, do

b) Créditos devidos em caso de despedimento colectivo lícito

i) Crédito de horas

Durante o prazo de aviso prévio da decisão final de despedimento (fixado em 60 dias relativamente à data prevista para a produção dos respectivos efeitos, art. 398.º, n.º 1, do CT), o trabalhador tem direito a um *crédito de horas* correspondente a dois dias de trabalho por semana, sem prejuízo da retribuição, a gozar no seu interesse (art. 399.º, n.ᵒˢ 1 e 2, do CT).

Salvo motivo atendível, o trabalhador deve comunicar que pretende proceder à utilização do crédito com 3 dias de antecedência (art. 399.º, n.º 3, do CT).

ii) Direito a compensação

A compensação devida ao trabalhador:

– corresponde a um mês de retribuição base e diuturnidades por cada ano completo de antiguidade (art. 401.º, n.º 1, do CT). A fracção de ano é, neste contexto, calculada proporcionalmente (art. 401.º, n.º 2, do CT).

– não pode ser inferior a 3 meses de retribuição base e diuturnidades (art. 401.º, n.º 3, do CT) e

– deve ser paga até ao termo do prazo de aviso prévio, de modo a não atingir a licitude do despedimento (art. 431.º, n.º 1, al. c), do CT), salvo o disposto em legislação especial sobre recuperação de empresas e reestruturação de sectores económicos (n.º 2, do art. 431.º, do CT).

O Código do Trabalho retomou a natureza presuntiva da aceitação da compensação (art. 401.º, n.º 4), que vigorava ao tempo da LCCT e que a Lei n.º 32/99, de 18.04 havia revogado.[56]

O trabalhador, caso opte por denunciar o contrato de trabalho durante o prazo de aviso prévio, mantém o direito à compensação (art. 400.º, do CT).

Sobre responsabilidade contra-ordenacional, *v.* art. 681.º, do CT.

V., ainda, **ponto 6**, sob o título COMBATE AOS *ENCERRAMENTOS SELVAGENS*.

Conselho, de 20 de Julho de 1998 (despedimentos colectivos) e a condenação do Estado português", *Scientia Iuridica*, n.º 302, p. 321 e ss.

[56] *V.* sobre esta matéria, JOÃO LEAL AMADO, "Algumas notas...", p. 281. Em contra-argumentação, *v.* ROMANO MARTINEZ, "Cessação (Da)...", p. 480.

PROCEDIMENTO PARA DESPEDIMENTO COLECTIVO

(PROPOSTA DE) COMUNICAÇÃO À COMISSÃO DE TRABALHADORES DA INTENÇÃO DE PROCEDER A DESPEDIMENTO COLECTIVO (ART. 419.º, N.º 1, DO CT), SOLICITAÇÃO DE PARECER PRÉVIO (ART. 357.º, N.ºs 1, AL. H) E 2, DA RCT) E CONVOCAÇÃO PARA REUNIÃO DE NEGOCIAÇÃO (ART. 420.º, N.º 1, DO CT)

Comissão de trabalhadores da empresa...
Rua...

2005.09.01
Registada c/ A.R.

ASSUNTO: Comunicação da intenção de proceder a despedimento colectivo, solicitação de parecer prévio e convocação para reunião de negociação

Exmos. Senhores,

DA COMUNICAÇÃO DA INTENÇÃO DE PROCEDER A DESPEDIMENTO COLECTIVO

A empresa..., com sede na Rua..., Pessoa Colectiva n.º..., que se dedica à actividade de fabrico e comercialização de vestuário vêm, nos termos do art. 419.º, do CT, comunicar a intenção de proceder ao despedimento colectivo dos seguintes trabalhadores:
–..., embalador, residente na Rua...;

–..., caixa, residente na Rua...;
–..., vendedora, residente na Rua....

A empresa... tem 10 trabalhadores conforme quadro de pessoal, discriminado por sectores organizacionais que segue em anexo, nos termos do art. 419.º, n.º 2, al. b), do CT.

Conforme exigido na al. e), do n.º 2, do art. 419.º, do CT, informamos que o presente despedimento colectivo será efectuado até ao dia 12 de Outubro de 2005.

Junta com a presente comunicação enviamos descrição dos motivos invocados para despedimento colectivo e indicação dos critérios de selecção adoptados, do número de trabalhadores a despedir e das categorias profissionais abrangidas, nos termos das als. a), c) e d), do n.º2, do art. 419.º, do CT.

DA SOLICITAÇÃO DE PARECER PRÉVIO

Em cumprimento do disposto na al. h), do n.º 1, do art. 357.º, da RCT, solicitamos a V. Exas. a entrega de parecer prévio sobre o despedimento colectivo em causa, dado que o mesmo configura uma diminuição substancial do número de trabalhadores.

DA NOTIFICAÇÃO PARA REUNIÃO DE NEGOCIAÇÃO

Com vista a garantir a realização da fase de informações e negociação a que alude o art. 420.º, n.º 1, do CT notificamos V. Exas. para comparecerem no dia 05.09.2005, pelas 14:00 horas na sede da nossa empresa sita na Rua....

Como os nossos melhores cumprimentos,

(O instrutor)

JUNTA: Descrição dos motivos invocados para despedimento colectivo e indicação do número de trabalhadores a despedir, das categorias profissionais abrangidas e dos critérios de selecção adoptados.

NOTA:
Nos termos do n.º 1, do art. 419.º, do CT, o procedimento inicia-se com a comunicação da *intenção de proceder ao despedimento*:
– à comissão de trabalhadores[57], ou, na sua falta,
– à comissão intersindical ou comissões sindicais[58] da empresa representativas dos trabalhadores.

Na ausência destas entidades, a comunicação deve ser individualmente dirigida aos trabalhadores que possam vir a ser abrangidos, podendo estes nomear entre si (no prazo de 5 dias úteis contados da data da recepção da comunicação), uma comissão representativa, com o máximo de 3 ou 5 elementos, consoante o despedimento abranja até 5 ou mais trabalhadores (n.º 4, do art. 419.º, do CT), que receberá também a documentação que acompanha a comunicação (n.º 5, do art. 419.º, do CT).

Na mesma data deve ser enviada cópia da comunicação aos serviços competentes do ministério responsável pela área laboral (n.º 3, do art. 419.º, do CT), que receberão também a documentação que acompanha a comunicação (n.º 5, do art. 419.º, do CT).

Por outro lado e dado que o despedimento colectivo implica, naturalmente, uma diminuição substancial do número de trabalhadores, exige-se parecer prévio da comissão de trabalhadores, segundo o disposto na al. h), do n.º 1, do art. 357.º, da RCT. O parecer deve ser emitido no prazo máximo de 10 dias a contar da recepção da respectiva solicitação (art. 357.º, n.º 2, da RCT). A omissão da solicitação deste parecer configura contra-ordenação grave, nos termos do art. 488.º, n.º 2, também da RCT. Decorridos os prazos legais, sem que o parecer tenha sido entregue à entidade que o solicitou, considera-se que o formalismo previsto no n.º 1 foi cumprido (art. 357.º, n.º 5, da RCT).

A comunicação da *intenção de proceder ao despedimento colectivo* deve ser instruída com os seguintes elementos:
i) Motivação do despedimento, nos termos previstos no art. 397.º, do CT (art. 419.º, n.º 2, al. *a*), do CT);
ii) Quadro de pessoal, discriminado por sectores organizacionais da empresa (art. 419.º, n.º 2, al. *b*), do CT). O referido quadro de pessoal dever estar em

---

[57] Sobre a constituição, estatutos e eleição das comissões e das subcomissões de trabalhadores, *v.* arts. 461.º a 470.º, do CT.
[58] Sobre as associações sindicais, *v.* arts. 475.º a 505.º, do CT. Sobre comissão sindical e comissão intersindical, *v.* art. 498.º, do CT.

conformidade com o mapa do quadro de pessoal apresentado pelo empregador (art. 454.º, da RCT).[59]

iii) Indicação dos critérios que servem de base para a selecção dos trabalhadores atingidos com o despedimento (art. 419.º, n.º 2, al. *c*), do CT), que como já dissemos, são aferidos em função da política de eficiência empresarial definida pelo empregador, não dando a lei qualquer critério de avaliação para o efeito[60].

iv) Indicação do número de trabalhadores a despedir e das categorias profissionais abrangidas (art. 419.º, n.º 2, al. *d*), do CT), no contexto de que o despedimento colectivo é sempre um despedimento *plural* (nos termos do n.º 1, do art. 397.º, do CT).

v) Indicação do período de tempo no decurso do qual se pretende efectuar o despedimento (art. 419.º, n.º 2, al. *e*), do CT), atento o arco temporal de três meses que o valida, previsto no art. 397.º, n.º 1, do CT[61].

vi) Indicação do método de cálculo de qualquer eventual compensação genérica a conceder aos trabalhadores, *para além* da automática compensação por antiguidade prevista no art. 401.º, do CT, que corresponde a um mês de retribuição base e diuturnidades por cada ano completo de antiguidade.

Nos termos do art. 429, al. *a*), do CT é ilícito o despedimento que "não tiver sido precedido do respectivo procedimento."[62]

O art. 431.º, do CT (norma especial) determina, ainda, a ilicitude do despedimento, se o mesmo não tiver sido precedido das comunicações previstas no art. 419.º, n.º 1, do CT (nomeadamente à comissão de trabalhadores).

De referir que, a realização do despedimento colectivo com violação do disposto nos n.ºˢ 1, 2 e 4, do art. 419.º, do CT constitui contra-ordenação grave (art. 681.º, n.º 1, al. *c*), do CT), salvo se o empregador assegurar ao trabalhador os direitos previstos no art. 436.º, do CT (n.º 2, do art. 681.º, do CT).

---

[59] Nos termos do preceito citado, o "empregador deve apresentar, em Novembro de cada ano, o mapa do quadro de pessoal devidamente preenchido com elementos relativos aos respectivos trabalhadores, incluindo os estrangeiros e apátridas, referentes ao mês de Outubro anterior".

[60] Não existe a selecção social (nas palavras de Lobo Xavier, "O despedimento...", p. 517), como ocorre com o despedimento por extinção de posto de trabalho.

[61] A este propósito importa referir que a não observância do prazo para decidir referido no n.º 1, do art. 422.º, do CT determina a ilicitude do despedimento (art. 430.º, n.º 1, al. b), do CT).

[62] Para o despedimento por facto imputável ao trabalhador, aplica-se a norma especial prevista no art. 430.º, do CT.

A remissão para o art. 436.º, do CT, abrange, não só o direito à indemnização por todos os danos, patrimoniais e morais causados (al. *a*)), como ainda o direito à reintegração sem prejuízo da sua categoria e antiguidade (al. *b*)). Tais direitos são compatíveis e complementares.

Ou seja, parece encontrar-se aqui um reforço da resposta para a questão maior de aferir se no caso dos chamados despedimentos *objectivos* também é conferido ao trabalhador direito à reintegração no seu posto de trabalho, à semelhança do admitido nos despedimentos (ilícitos) por facto imputável ao trabalhador (art. 438.º, da CT).

A questão que entretanto se levanta é a de saber se, no caso de o trabalhador optar pela reintegração, e não havendo já posto a ocupar, o direito optativo se mantém ou se de imediato é imposta a desvinculação contratual, mediante o pagamento da indemnização por antiguidade.

(PROPOSTA) DESCRIÇÃO DOS MOTIVOS INVOCADOS PARA DESPEDIMENTO COLECTIVO E INDICAÇÃO DOS CRITÉRIOS QUE SERVEM DE BASE PARA A SELECÇÃO DOS TRABALHADORES A DESPEDIR E DO NÚMERO DE TRABALHADORES E DAS CATEGORIAS PROFISSIONAIS ABRANGIDOS (ALS. A), C) E D), DO N.º 2, DO ART. 419.º, DO CT)

MOTIVOS INVOCADOS PARA DESPEDIMENTO COLECTIVO

O despedimento colectivo a que ora se pretende proceder assenta nos seguintes motivos:

a) A empresa..., em 2000.10.05, criou uma secção de venda ao público;
b) Para o efeito contratou os seguintes trabalhadores:
–..., embalador, residente na Rua...;
–..., caixa, residente na Rua...;
–..., vendedora, residente na Rua....

c) Acontece que, ao contrário do que era esperado, os custos com a manutenção e funcionamento da referida secção têm sido superiores ao valor aí apurado, o que tem provocado a acumulação de sucessivos prejuízos (cfr. registos contabilísticos que se juntam como doc. n.º 1).

d) Até hoje, a cobertura dos referidos prejuízos tem sido assegurada pelo produto da venda a retalhistas.

e) Situação que nos últimos meses se revelou insuportável, dado que o volume da venda a retalhistas tem diminuído em larga medida (cfr. extractos de facturas juntos como docs. n.ºs 2 a 10).

f) Perante este cenário, a empresa... não tem condições de continuar com a secção de venda ao público, pelo que não lhe resta outra alternativa que não seja o encerramento dessa secção.

g) Na empresa não existem postos de trabalho para colocar os trabalhadores abrangidos pelo despedimento colectivo.

CRITÉRIO DE SELECÇÃO

O critério que determinou a selecção dos trabalhadores abrangidos pelo despedimento colectivo (a que ora se pretende proceder) assentou no facto de os mesmos terem sido contratados especificamente para laborar na secção que agora se pretende encerrar.

TRABALHADORES E CATEGORIAS ABRANGIDOS

Os 3 trabalhadores abrangidos pelo presente despedimento são:
1. O Exmo. Senhor..., com a categoria profissional de embalador, residente na Rua...;
2. A Exma. senhora..., com a categoria profissional de caixa, residente na Rua...;
3. A Exma. Senhora..., com a categoria profissional de vendedora, residente na Rua....

.... 01 de Setembro de 2005

O instrutor,

_____

NOTA:

O critério de selecção exigido é auto-composto pelo empregador, exigindo a lei, apenas, a respectiva *indicação*, que, em princípio, admitirá.

A violação do disposto nos n.ºˢ 1, 2 e 4, do art. 419.º, do CT configura contra-ordenação grave, conforme dispõe o art. 681.º, n.º 1, al. *c*), do CT, salvo se o empregador assegurar ao trabalhador os direitos previstos no art. 436.º, do CT (n.º 2, do art. 681.º, do CT).

(PROPOSTA DE) CARTA DE ENVIO DE CÓPIA DA COMUNICAÇÃO AOS SERVIÇOS COMPETENTES DO MINISTÉRIO DO TRABALHO E DA SEGURANÇA SOCIAL (ART. 419.º, N.º 3, DO CT) E CONVOCAÇÃO PARA REUNIÃO DE NEGOCIAÇÃO (ART. 421.º, N.º 1, DO CT)

Ministério do Trabalho e da Segurança Social
Rua...

2005.09.01
Registada c/ A. R.

ASSUNTO: Envio de cópia da comunicação de despedimento colectivo e respectivos documentos e convocação para reunião de negociação

Exmos. Senhores,

Em cumprimento do disposto no n.º 3, do art. 419.º, do CT, somos pela presente a enviar cópia da comunicação de despedimento colectivo e dos documentos previstos no n.º 2, daquela disposição.

Com vista a garantir a realização da fase de informações e negociação a que alude o art. 420.º, n.º 1, do CT notificamos V. Exas. para comparecerem no dia 05.09.2005, pelas 14:00 horas na sede da empresa sita na Rua....

Com os nossos melhores cumprimentos,

(O instrutor)

NOTA:
A violação do disposto no n.º 3, do art. 419.º, do CT configura contra-ordenação leve (art. 681.º, n.º 4, do CT).

(PROPOSTA DE) ACTA DE REUNIÃO DE NEGOCIAÇÃO
(ART. 420.º, N.º 5, DO CT)

Acta de reunião de negociação

No dia 05 de Setembro de 2005, pelas 14:00 horas realizou-se a reunião de negociação entre o empregador... e a comissão de trabalhadores, no âmbito do despedimento colectivo que abrange o Exmo. Senhor..., embalador; a Exma. Senhora..., caixa e o Exma. Senhora..., vendedora, nos termos do art. 420.º, n.º 1, do CT.

Em representação do empregador esteve presente o Exmo. Senhor... e em representação da comissão de trabalhadores estiveram presentes os respectivos membros os Exmos. Senhores... e....

Por sua vez, em representação do Ministério do Trabalho, estiveram presentes os Exmos. Senhores... e....

Depois de apresentadas as posições do empregador e da Comissão de Trabalhadores ficou aprovada a seguinte matéria:

a) Em 05 de Outubro de 2000, o empregador criou uma secção de venda ao público;

b) Para o efeito contratou os seguintes trabalhadores:

–..., embalador, residente na Rua...;

–..., caixa, residente na Rua...;

–..., vendedora, residente na Rua...;

c) Os custos com a manutenção e funcionamento da referida secção têm sido superiores ao valor apurado, o que tem provocado a acumulação de sucessivos prejuízos;

d) A cobertura dos referidos prejuízos tem sido assegurada pelo produto da venda a retalhistas;

e) Situação que nos últimos meses se revelou insuportável, dado que o volume da venda a retalhistas tem diminuído em larga medida;

f) A empresa... não tem condições de continuar com a secção de venda ao público, pelo que não lhe resta outra alternativa que não seja o encerramento dessa secção;

g) Na empresa não existem postos de trabalho para colocar a Exma. senhora..., com a categoria profissional de caixa, nem a Exma. Senhora..., com a categoria profissional de vendedora.

No que diz respeito ao Exmo. Senhor..., a comissão de trabalhadores entende que o mesmo pode exercer as funções de embalador na secção de Venda a Retalho, pelos seguintes motivos:

a) Desde Setembro de 2004, o volume de trabalho na secção de Venda a Retalho tem vindo a aumentar em larga medida;

b) O trabalho dessa secção é desempenhado desde 01 de Setembro de 2000, pelo Exmo. Senhor...;

c) Desde Setembro de 2004, o Exmo. Senhor... tem tido dificuldade em proceder à embalagem dos produtos o que tem gerado algumas reclamações por parte dos clientes;

d) O trabalho de embalagem dos produtos nas actuais condições implica uma sobrecarga funcional para o Exmo. Senhor...;

e) O Exmo. Senhor..., abrangido pelo despedimento colectivo tem capacidades técnicas e funcionais para exercer a função de embalador naquela secção.

Exposto isto, a comissão de trabalhadores opôs-se ao despedimento do referido trabalhador, propondo que o mesmo fosse colocado na secção de venda a Retalho.

O empregador reiterou a intenção de proceder ao despedimento do referido trabalhador, alegando que o referido posto de trabalho na secção de venda a Retalho já se encontra ocupado pelo Exmo. Senhor... e que o volume de trabalho aí existente não justifica, de modo algum, a colocação de mais um trabalhador.

O representante do empregador,

Os representantes da Comissão de Trabalhadores,

Os representantes do Ministério do Trabalho e da Segurança Social,

O instrutor,

NOTA:

Conforme resulta do n.º 1, do art. 420.º, do CT, a fase de informação e negociação entre o empregador e a estrutura representativa dos trabalhadores visa a obtenção de um acordo sobre a dimensão e efeitos:

– das medidas a aplicar, extintivas das relações de trabalho;

– de outras medidas que reduzam o número de trabalhadores a despedir e que, serão, no fundo, alternativas ao despedimento colectivo, mais precisamente a suspensão da prestação de trabalho, a redução da prestação de trabalho, a reconversão e a reclassificação profissionais; e as reformas antecipadas e pré-reformas.

Nos direitos conferidos às comissões e subcomissões de trabalhadores é incluído o de participar nos processos de reestruturação da empresa (arts. 363.º e 364.º, da RCT). O impedimento por parte do empregador ao exercício dos direitos de participação das comissões e subcomissões de trabalhadores previsto no art. 364.º, constitui contra-ordenação grave, nos termos do n.º 2, art. 488.º, ambos da RCT.

Os serviços competentes do ministério responsável pela área laboral participam igualmente neste processo de negociação (art. 421.º, n.º 1, do CT), tendo em vista:

– conformar a regularidade instrutória (substantiva e procedimental) e
– promover a conciliação dos interesses das partes.

O impedimento à participação dos serviços competentes do ministério responsável pela área laboral no processo de negociação constitui contra-ordenação leve, nos termos do art. 681.º, n.º 4, do CT.

A pedido de qualquer um dos três intervenientes, os serviços regionais do emprego e da formação profissional e a segurança social definem as medidas de emprego, formação profissional e de segurança social aplicáveis, de acordo com a legislação específica vigente (n.º 2, do art. 421.º, do CT).

O disposto nos arts. 336.º (Comunicações) e 337.º (Procedimento de informação e negociação), ambos do CT – próprios de situações de redução temporária do período normal de trabalho ou suspensão do contrato de trabalho por facto respeitante ao empregador – não são aplicáveis nos casos em que os trabalhadores foram colocados em regimes de suspensão da prestação de trabalho e redução da prestação de trabalho, por forma a se evitar uma *duplicação* de procedimentos (art. 420.º, n.º 2, do CT).

As medidas de reconversão e reclassificação profissionais e reformas antecipadas e pré-reformas, pressupõem o acordo do trabalhador, o que indica que as restantes medidas serão aplicáveis independentemente desse acordo (art. 420.º, n.º 3, do CT).

As partes podem-se fazer assistir por um perito (art. 420.º, n.º 4, do CT).

Conforme resulta do n.º 5, do art. 420.º, do CT, das reuniões de negociação é lavrada acta indicativa da matéria aprovada e das posições das partes (com opiniões, sugestões e propostas de cada uma).

A não promoção da negociação prevista no n.º 1, do art. 420.º implica a ilicitude do despedimento (art. 431.º, n.º 1, al. a), do CT).

Por outro lado, a violação dos n.ºˢ 1 e 3, do art. 420.º, do CT constitui contra-ordenação grave (art. 681.º, n.º 1, al. c), do CT), salvo se o empregador assegurar ao trabalhador os direitos previstos no art. 436.º, do CT (n.º 2, do art. 681.º, do CT).

(PROPOSTA DE) CARTA A COMUNICAR A DECISÃO DE DESPEDIMENTO AO TRABALHADOR (ART. 422.º, N.º 1, DO CT)

Exmo. Senhor
...
Rua
...

2005.09.12
Registada c/ A.R.

ASSUNTO: Comunicação de decisão de despedimento

Exmo. Senhor,
Em cumprimento do disposto no no n.º 1, do art. 422.º, do CT somos pela presente a comunicar que decidimos proceder ao despedimento de V. Exa., no âmbito do despedimento colectivo que estamos a realizar na nossa empresa.

Despedimento esse que assenta nos seguintes motivos:

a) A empresa..., em 2000.10.05, criou uma secção de venda ao público;

b) Para o efeito contratou, para além de V. Exa., os seguintes trabalhadores:

–..., caixa, residente na Rua...;

–..., vendedora, residente na Rua...;

c) Acontece que, ao contrário do que era esperado, os custos com a manutenção e funcionamento da referida secção têm sido superiores ao valor apurado, o que tem provocado a acumulação de sucessivos prejuízos;

d) Até hoje, a cobertura dos referidos prejuízos tem sido assegurada pelo produto da venda a retalho;

e) Situação que nos últimos meses se revelou insuportável, dado que o volume da venda a retalhistas tem diminuído em larga medida;

f) Perante este cenário, a empresa... não tem condições para continuar com a secção de venda ao público, pelo que não lhe resta outra alternativa que não seja o seu encerramento;

g) Na empresa não existem outro posto de trabalho que permita a sua colocação.

O critério que determinou a selecção de V. Exa. assentou no facto de ter sido contratado especificamente, para laborar na secção que agora se pretende encerrar.

A cessação do contrato de trabalho celebrado com V. Exa., em virtude do despedimento em causa, verificar-se-á no dia 15 de Novembro de 2005.

Nos termos do art. 401.º, do CT, V. Exa. tem direito a uma compensação de €..., que lhe será paga no Gabinete de Contabilidade da empresa..., sito na Rua..., mediante cheque.

Com os nossos melhores cumprimentos,

(O instrutor)

NOTA:
Celebrado o acordo, ou, na falta deste, decorridos 20 dias sobre a data das comunicações da intenção de proceder a despedimento colectivo previstas nos n.ᵒˢ 1 ou 5, do art. 419.º, do CT, o empregador comunica, por escrito, a cada trabalhador a despedir a decisão de despedimento (art. 422.º, n.º 1, do CT), sob pena de ilicitude do mesmo (art. 431.º, n.º 1, al. *b*), do CT).

De salientar, ainda, que o não cumprimento deste procedimento constitui contra-ordenação grave (art. 681.º, n.º 1, al. *c*) do CT), salvo se o empregador assegurar ao trabalhador os direitos previstos no art. 436.º, do CT (art. 681.º, n.º 2, do CT).

Por outro lado, tal comunicação deve ser efectuada com 60 dias de antecedência em relação à data de produção dos respectivos efeitos (art. 398.º, n.º 1, do CT), designadamente, de forma a que o trabalhador possa:
– gozar do crédito de horas legalmente concedido (art. 399.º, do CT) e
– denunciar o contrato de trabalho, querendo, sem perda do direito à compensação (art. 400.º, do CT).

O não cumprimento deste período de aviso prévio, não afecta a validade nem prejudica os efeitos do despedimento, mas obriga o empregador ao pagamento da retribuição correspondente ao período em falta (art. 398.º, n.º 2, do CT).

(PROPOSTA DE) CARTA DE ENVIO DE ACTA DAS REUNIÕES DE NEGOCIAÇÃO E MAPA DE TRABALHADORES AO MINISTÉRIO DO TRABALHO E DA SEGURANÇA SOCIAL (ART. 422.º, N.º 2, DO CT)

Ministério do Trabalho e da Segurança Social
Rua...

2005.09.12
Registada c/ A.R.

ASSUNTO: Envio de acta das reuniões de negociação e mapa de trabalhadores

Exmos. Senhores,
Em cumprimento do disposto no n.º 2, do art. 422.º, do CT, somos pela presente a enviar acta da reunião de negociação, contendo a matéria aprovada e, bem assim, as posições divergentes das partes, com as opiniões, sugestões e propostas do empregador e da Comissão de Trabalhadores.

Junto enviamos, ainda, mapa, mencionando, em relação a cada trabalhador, nome, morada, data de nascimento e de admissão na empresa, situação perante a segurança social, profissão, categoria e retribuição e ainda medida individualmente aplicada e a data prevista para a sua execução.

Com os meus melhores cumprimentos,

(O instrutor)
_____

JUNTA: 1 acta e 1 mapa.

NOTA:
    Na data em que foi expedida aos trabalhadores a decisão de despedimento, o empregador deve remeter ao serviço competente do ministério responsável pela área laboral a acta da reunião de negociação e um mapa do pessoal atingido

pela medida de despedimento e a data prevista para a sua execução (art. 422.º, n.º 2, do CT).

Na falta da acta das reuniões de negociação, o empregador deve enviar justificação dessa falta, descrevendo as razões que obstaram ao acordo, bem como as posições finais das partes (art. 422.º, n.º 4, do CT).

A violação do preceituado nos n.ºs 2 e 4, do art. 422.º, do CT, constitui contra-ordenação leve, nos termos do art. 681.º, n.º 4, do CT.

(PROPOSTA DE) MAPA DE TRABALHADORES
(ART. 422.º, N.º 2, DO CT)

MAPA DE TRABALHADORES ABRANGIDOS
PELO DESPEDIMENTO COLECTIVO

1..... / residente na Rua... / nascido no dia.... / admitido na empresa no dia 05 de Outubro de 2000 / inscrito na segurança social com o n.º..., desde 05 de Outubro de 2000, com todos os descontos efectuados / profissão – embalador / categoria – embalador / retribuição – €....

A este trabalhador foi aplicada a medida de despedimento que irá ser executada no dia 15 de Novembro de 2005.

2..... / residente na Rua... / nascido no dia.... / admitido na empresa no dia 05 de Outubro de 2000 / inscrito na segurança social com o n.º..., desde 05 de Outubro de 2000, com todos os descontos efectuados / profissão – caixa / categoria – caixa / retribuição – €....

A este trabalhador foi aplicada a medida de despedimento que irá ser executada no dia 15 de Novembro de 2005.

3..... / residente na Rua... / nascido no dia.... / admitido na empresa no dia 05 de Outubro de 2000 / inscrito na segurança social com o n.º..., desde 05 de Outubro de 2000, com todos os descontos efectuados / profissão – vendedora / categoria – vendedora / retribuição – €....

A este trabalhador foi aplicada a medida de despedimento que irá ser executada no dia 15 de Novembro de 2005.

.... 12 de Setembro de 2005

(PROPOSTA DE) CARTA DE ENVIO DE MAPA À COMISSÃO DE TRABALHADORES (ART. 422.º, N.º 3, DO CT)

Comissão de trabalhadores da empresa...
Rua...

2005.09.12
Registada c/ A.R.

ASSUNTO: Envio de mapa de trabalhadores

Exmos. Senhores,

Em cumprimento do disposto no n.º 3, do art. 422.º, do CT, somos pela presente a enviar mapa, mencionando, em relação a cada trabalhador, nome, morada, data de nascimento e de admissão na empresa, situação perante a segurança social, profissão, categoria, retribuição, medida individualmente aplicada e data prevista para a sua execução.

Com os meus melhores cumprimentos,

(O instrutor)

JUNTA: 1 mapa.

NOTA:

Na data em que foi expedida aos trabalhadores a decisão de despedimento, o empregador deve remeter à estrutura representativa dos trabalhadores mapa do pessoal atingido pela medida de despedimento e a data prevista para a sua execução (art. 422.º, n.º 3, do CT), sob pena de incorrer em contra-ordenação leve (art. 681.º, n.º 4, do CT).

B) DESPEDIMENTO POR EXTINÇÃO DE POSTO DE TRABALHO

a) Noção

Nos termos do art. 402.º, do CT, o despedimento por extinção de posto de trabalho assenta na mesma motivação objectiva de natureza económica que subjaz ao despedimento colectivo (motivação tanto de mercado, como estrutural ou tecnológica, *v.* art. 397.º, n.º 2, do CT). A principal diferença reside no seu carácter *singular* (o trabalhador despedido será apenas um ou vários, mas em número inferior ao mínimo estipulado para o regime de despedimento colectivo).

Com vista a dotar o trabalhador de alguma tutela contra a discriminação, o n.º 1, do art. 403.º, do CT, impõe o preenchimento cumulativo dos seguintes requisitos:

i) Como reflexo da sua natureza objectiva, o despedimento não pode assentar numa actuação culposa das partes (al. *a)*);

ii) Releva-se a inexigibilidade do cumprimento da obrigação, impondo-se a impossibilidade de subsistência da relação de trabalho (al. *b)*), que se verifica quando o empregador não disponha de posto de trabalho compatível com a categoria do trabalhador (n.º 3, do art. 403.º, do CT), ou seja, não se obriga o empregador à criação de um novo posto de trabalho compatível com a categoria do trabalhador para assim evitar o despedimento[63];

---

[63] **Jurisprudência:**
I – Para que possa cessar o contrato de trabalho por extinção do posto de trabalho é necessário que a entidade patronal não disponha de outro que seja compatível com a categoria do trabalhador ou, existindo, o trabalhador não aceite a alteração do objecto do contrato de trabalho.

II – Estando provado que no departamento de distribuição da Ré existem dois postos de trabalho de chefe de expedição e que havia cessado, por mútuo acordo, o contrato de trabalho do trabalhador que ocupava um destes postos, antes de ter cessado o contrato de trabalho do Autor, é óbvio que a Ré passou a dispor de um lugar vago na Secção de Expedição compatível com a categoria profissional daquele.

III – Sendo assim, provado que o Autor não recusou o posto de chefe de expedição, deixa de estar preenchido o requisito da impossibilidade da subsistência da relação de trabalho, pelo que a cessação do contrato de trabalho é nula.

(Ac. RP, de 29.11.2004, CJ, Ano XXIX, Tomo V, p. 228).

iii) Para combate de eventual fraude ao fim do despedimento, impede-se a existência de contratos a termo para as tarefas extintas (al. *c*));

iv) Clarifica-se a natureza do despedimento, afastando-se a aplicação do regime previsto para o despedimento colectivo (al. *d*));

v) A compensação deve estar à disposição do trabalhador (al. *e*)).

Analogamente, o n.º 2, do art. 403.º, do CT, impõe ao empregador um critério de actuação para aferir qual o posto de trabalho a extinguir, onde o valor antiguidade (no posto de trabalho, na categoria profissional e na empresa) é manifestamente considerado, só decaindo a antiguidade na empresa em favor da categoria profissional. Este critério de preferência, que não é exigido no despedimento colectivo, visa evitar despedimentos sem justa causa encapotados, atenta a particular vulnerabilidade do trabalhador, dado tratar-se, ademais, de *um ou vários despedimentos singulares*.

O n.º 4, do art. 403.º, do CT, confere ao trabalhador, transferido para o posto de trabalho extinto, o direito de recuperar o posto anterior.

b) Créditos devidos em caso de despedimento por extinção de posto de trabalho lícito

À semelhança do previsto para o despedimento colectivo, o trabalhador despedido licitamente com base na extinção do posto de trabalho, tem direito a:

i) Crédito de horas

Durante o prazo de aviso prévio da decisão final de despedimento (fixado em 60 dias relativamente à data prevista para a produção dos respectivos efeitos, art. 398.º, n.º 1, *ex vi* art. 404.º, ambos do CT), o trabalhador tem direito a um *crédito de horas* correspondente a dois dias de trabalho por semana, sem prejuízo da retribuição a gozar no seu interesse (art. 399.º, n.ºs 1 e 2 *ex vi* art. 404.º, ambos do CT).

Salvo motivo atendível, o trabalhador deve avisar o empregador com 3 dias de antecedência que pretende utilizar o crédito (art. 399.º, n.º 3, *ex vi* art. 404.º, do CT).

ii) Direito a compensação

O trabalhador tem direito a uma compensação correspondente a um mês de retribuição base e diuturnidades por cada ano completo de antiguidade (art. 401.º *ex vi* art. 404.º, ambos do CT).

Em nome do princípio da proporcionalidade, a fracção de ano não é, neste contexto, equivalente a um ano (art. 401.º, n.º 2 *ex vi* art. 404.º, ambos do CT).

A referida compensação não pode ser inferior a 3 meses de retribuição base e diuturnidades (art. 401.º, n.º 3 *ex vi* art. 404.º, ambos do CT).

O Código do Trabalho retomou a natureza presuntiva da aceitação da compensação, que vigorava ao tempo da LCCT e que a Lei n.º 32/99, de 18.04 havia revogado.[64]

O trabalhador, caso opte por denunciar o contrato de trabalho durante o prazo de aviso prévio, mantém o direito à compensação (art. 400.º *ex vi* art. 404.º, ambos do CT).

Sobre responsabilidade contra-ordenacional, *v.* art. 681.º, do CT.

V., ainda, **ponto 6**, sob o título COMBATE AOS *ENCERRAMENTOS SELVAGENS*.

---

[64] *V.* sobre esta matéria, JOÃO LEAL AMADO, "Algumas notas...", p. 281.

PROCEDIMENTO PARA DESPEDIMENTO POR EXTINÇÃO DE POSTO DE TRABALHO

(PROPOSTA DE) CARTA A COMUNICAR À COMISSÃO DE TRABALHADORES A NECESSIDADE DE EXTINGUIR O POSTO DE TRABALHO E O CONSEQUENTE DESPEDIMENTO (ART. 423.º, N.º 1, DO CT)

Comissão de trabalhadores da empresa...
Rua...

2005.09.01
Registada c/ A.R.

ASSUNTO: Comunicação da necessidade de extinguir posto de trabalho e consequente despedimento do trabalhador que o ocupa

Exmos. Senhores,

Em cumprimento do disposto no art. 423.º, n.º 1, do CT, somos pela presente a comunicar que, a empresa..., com sede na Rua..., Pessoa Colectiva n.º..., que se dedica à actividade de fabrico e comercialização de acessórios para automóveis vê-se forçada, pelos motivos que indica em anexo, a proceder à extinção do posto de trabalho no sector de venda ao público e ao consequente despedimento do Exmo. Sr...., que ocupa tal posto.

Nos termos do art. 423.º, n.º 3, do CT, a presente comunicação é acompanhada de indicação dos motivos invocados para a extinção do posto de trabalho com identificação da secção a que respeita e indicação da categoria profissional e do trabalhador abrangido.

Com os nossos melhores cumprimentos,

(O instrutor)

JUNTA: Indicação dos motivos invocados para a extinção do posto de trabalho com identificação da secção a que respeita e indicação da categoria profissional e do trabalhador abrangidos.

NOTA:

A comissão de trabalhadores, ou, na sua falta, a comissão intersindical ou comissão sindical respectiva devem receber a comunicação de despedimento por extinção de posto de trabalho com indicação dos motivos invocados para a extinção, com identificação da secção ou unidade equivalente a que respeitam e com indicação das categorias profissionais e dos trabalhadores abrangidos (art. 423.º, n.ºˢ 1 e 3, do CT).

A violação do disposto no art. 423.º, do CT, integra contra-ordenação grave (art. 681.º, n.º 1, al. *d*), do CT), salvo se o empregador assegurar ao trabalhador os direitos previstos no art. 436.º, do CT (n.º 2, do art. 681.º, do CT).

A remissão para o art. 436.º, do CT, abrange, não só o direito de indemnização do trabalhador por todos os danos, patrimoniais e morais causados (al. *a*)), como ainda o direito à reintegração sem prejuízo da sua categoria e antiguidade (al. *b*)). Direitos estes compatíveis e complementares. Ou seja, como já dissemos, parece encontrar-se aqui um reforço da resposta para a questão maior de aferir se no caso dos chamados despedimentos *objectivos* ilícitos também é conferido ao trabalhador direito à reintegração no seu posto de trabalho, à semelhança do admitido nos despedimentos (ilícitos) por facto imputável ao trabalhador (art. 438.º, da CT).

A questão que entretanto se levanta é a de saber se, no caso de o trabalhador optar pela reintegração, e não havendo já posto a ocupar, o direito optativo se mantém ou se de imediato é imposta a desvinculação contratual, mediante o pagamento da indemnização por antiguidade.

(PROPOSTA DE) CARTA A COMUNICAR AO TRABALHADOR ABRANGIDO A NECESSIDADE DE EXTINGUIR O POSTO DE TRABALHO E O CONSEQUENTE DESPEDIMENTO (ART. 423.º, N.º 2, DO CT)

Exmo. Senhor:...
Rua...

2005.09.01
Registada c/ A.R.

ASSUNTO: Comunicação da necessidade de extinguir posto de trabalho e consequente despedimento do trabalhador que o ocupa

Exmo. Senhor,

Em cumprimento do disposto no n.º 2, do art. 423.º, do CT somos pela presente a comunicar que, a empresa..., com sede na Rua..., Pessoa Colectiva n.º..., que se dedica à actividade de fabrico e comercialização de acessórios para automóveis vê-se forçada, pelos motivos que indica em anexo, a proceder ao despedimento de V. Exa., em virtude da extinção do posto de trabalho no sector de venda ao público que ocupava.

Nos termos do art. 423.º, n.º 3, do CT, a presente comunicação é acompanhada de indicação dos motivos invocados para a extinção do posto de trabalho com identificação da secção a que respeita e indicação da categoria profissional e do trabalhador abrangidos.

Com os nossos melhores cumprimentos,

(O instrutor)

JUNTA: Indicação dos motivos invocados para a extinção do posto de trabalho com identificação da secção a que respeita e indicação da categoria profissional e do trabalhador abrangidos.

NOTA:

Nos termos do n.º 2, do art. 423.º, do CT, para além da comissão de trabalhadores (comissão intersindical/comissão sindical), também os trabalhadores (e sendo estes representantes sindicais, o sindicato representativo) devem receber a comunicação prevista no n.º 1, desse artigo.

A violação do disposto no art. 423.º, do CT, integra contra-ordenação grave (art. 681.º, n.º 1, al. *d*), do CT), salvo se o empregador assegurar ao trabalhador os direitos previstos no art. 436.º, do CT (art. 681.º, n.º 2, do CT). *V.* sobre este ponto, a nota anterior.

(PROPOSTA DE) DESCRIÇÃO DOS MOTIVOS INVOCADOS PARA EXTINÇÃO DO POSTO DE TRABALHO COM IDENTIFICAÇÃO DA SECÇÃO A QUE RESPEITA E INDICAÇÃO DA CATEGORIA PROFISSIONAL E DO TRABALHADOR ABRANGIDO (N.º 3, DO ART. 423.º, DO CT)

Motivos da extinção do posto de trabalho

A extinção de posto de trabalho a que ora se pretende proceder assenta nos seguintes motivos:

a) Em 2000.10.05, a empresa... criou uma secção de venda ao público;

b) Para o efeito contratou os seguintes trabalhadores:
–..., caixa, residente na Rua....
–..., vendedor, residente na Rua....

c) Acontece que, ao contrário do que era esperado, os custos com a manutenção e funcionamento da referida secção têm sido superiores ao valor aí apurado, o que tem provocado a acumulação de sucessivos prejuízos (cfr. registos contabilísticos que se juntam como docs. n.os 1 e 2);

d) Até hoje, a cobertura dos referidos prejuízos tem sido assegurada pelo produto da venda a retalhistas;

e) Situação que nos últimos meses se revelou insuportável, dado que o volume da venda a retalhistas tem diminuído em larga medida (cfr. extractos de facturas juntos como docs. n.os 3 a 10);

f) Perante este cenário, a empresa... não tem condições de continuar com a secção de venda ao público, pelo que não lhe resta outra alternativa que não seja o encerramento dessa secção;

g) Na empresa existe um posto de trabalho na secção de venda a retalhistas onde pode ser colocado o trabalhador..., caixa;

h) Já no que diz respeito, ao trabalhador..., vendedor não existe nenhum posto de trabalho onde possa ser colocado;

i) Com efeito, a empresa... tem uma equipa de 4 vendedores, sendo certo que pretende revogar o contrato de trabalho de um desses trabalhadores, por força do decréscimo do volume de vendas que se tem verificado desde Janeiro de 2004 e que se está a tornar incomportável do ponto de vista económico-financeiro.

Categoria e trabalhador abrangidos

O trabalhador abrangido pelo presente despedimento é:

O Exmo. Senhor..., com a categoria profissional de vendedor, residente na Rua....

.... 01 de Setembro de 2005

(O instrutor)

JUNTA: 10 Documentos.

NOTA:

A violação do disposto no art. 423.º, do CT, integra contra-ordenação grave (art. 681.º, n.º 1, al. d), do CT), salvo se o empregador assegurar ao trabalhador os direitos previstos no art. 436.º, do CT (art. 681.º, n.º 2, do CT).

(PROPOSTA DE) OPOSIÇÃO DO TRABALHADOR AO DESPEDIMENTO POR EXTINÇÃO DO POSTO DE TRABALHO (ART. 424.º, N.º 2, DO CT)

Exmo. Senhor Instrutor:
Rua...

2005.09.05
Registada c/ A.R.

ASSUNTO: Oposição ao despedimento por extinção do posto de trabalho

Exmo. Senhor,

Tendo sido informado que a empresa... com sede na Rua..., Pessoa Colectiva n.º..., pretende proceder ao meu despedimento, em virtude da extinção do posto de trabalho no sector de venda ao público por mim ocupado, sou pela presente, ao abrigo do disposto no n.º 2, do art. 424.º, do CT, a apresentar a respectiva oposição, nos termos e com os seguintes fundamentos:

No que diz respeito aos motivos invocados para o encerramento da secção de venda ao público onde exerço funções, nada tenho a opor.

Pelo contrário, não concordo com o facto de não existir nenhum posto de trabalho onde possa ser colocado.

Com efeito, a equipa de vendedores da empresa está actualmente reduzida a 3 trabalhadores, dado que, ao Exmo. Senhor..., que estava responsável pela área do grande Porto, foi-lhe concedida a reforma antecipada por motivo de doença.

Até hoje, o empregador não admitiu nenhum trabalhador para ocupar tal posto de trabalho, nem sequer para aí destinou nenhum dos vendedores existentes na empresa.

Assim, tendo em consideração a categoria e as habilitações profissionais de que sou titular e a enorme relevância que a área em causa apresenta no volume de negócios da empresa, entendo que devo ser colocado como vendedor na área do grande Porto.

Com os melhores cumprimentos,

(O trabalhador)

NOTA:

Para além da estrutura representativa dos trabalhadores, também os trabalhadores abrangidos com a medida de extinção podem deduzir oposição (art. 424.º, n.º 1 e 2, do CT).

Nos termos do art. 424.º, n.º 1, do CT a oposição pode assentar:
– nos motivos invocados;
– no não preenchimento dos requisitos para a aplicação da medida, previstos no art. 403.º, n.º 1, al. *a)* a *d)* do CT (com excepção da al. *e)*, que obriga a que seja colocada à disposição do trabalhador a compensação devida);
– violação das prioridades estabelecidas no art. 403, n.º 2 do CT;
– alternativas para atenuar os efeitos da medida de extinção.

Ao abrigo do disposto no n.º 3, do art. 424.º, do CT, a estrutura representativa dos trabalhadores e cada um dos trabalhadores abrangidos podem, nos três dias úteis seguintes à comunicação da extinção de posto de trabalho, solicitar a intervenção dos serviços competentes do ministério responsável pela área laboral para efeito de fiscalização:
– dos requisitos previstos no art. 403.º, n.º 1, als. c) e *d)*, do CT;
– das prioridades estabelecidas no art. 403, n.º 2, do CT.

Os serviços competentes do ministério responsável pela área laboral devem, no prazo de sete dias contados da data de recepção deste requerimento, elaborar relatório sobre esta matéria, o qual é enviado ao requerente e ao empregador (art. 424.º, n.º 4, do CT).

(PROPOSTA DE) DECISÃO (N.º 1, DO ART. 425.º, DO CT)

DECISÃO

Em cumprimento do disposto no art. 425.º, n.º 1, do CT, a empresa..., com sede na Rua..., Pessoa Colectiva n.º..., que se dedica à actividade de fabrico e comercialização de acessórios para automóveis, no âmbito do procedimento de despedimento por extinção do posto de trabalho do trabalhador..., profere decisão nos seguintes termos e fundamentos:

Do motivo da extinção do posto de trabalho

a) Em 2000.10.05, a empresa em causa, criou uma secção de venda ao público;

b) Para o efeito contratou os seguintes trabalhadores:

–..., caixa, residente na Rua....

–..., vendedor, residente na Rua...;

c) Acontece que, ao contrário do que era esperado, até à presente data os custos com a manutenção e funcionamento da referida secção têm sido superiores ao valor aí apurado, o que tem provocado a acumulação de sucessivos prejuízos (cfr. registos contabilísticos que se juntam como docs. n.os 1 e 2);

d) Até hoje, a cobertura dos referidos prejuízos tem sido assegurada pelo produto da venda a retalhistas;

e) Situação que nos últimos meses se revelou insuportável, dado que o volume da venda a retalhistas tem diminuído em larga medida (cfr. extractos de facturas juntos como docs. n.os 3 a 10);

f) Perante este cenário, não tem condições de continuar com a secção de venda ao público, pelo que não lhe resta outra alternativa que não seja o encerramento dessa secção e a inerente extinção dos postos de trabalha aí existentes.

Do preenchimento dos requisitos previstos nas als. a) a d), do n.º 1, do art. 403.º, do CT

a) Os motivos invocados para o presente despedimento não se verificaram por actuação culposa do empregador, nem do trabalhador;

b) A subsistência da relação de trabalho com o trabalhador... é absolutamente impossível, isto porque, na empresa não existe um posto de trabalho onde este possa ser colocado.

Com efeito, a empresa... tem uma equipa de 4 vendedores, sendo certo que pretende revogar o contrato de trabalho de um desses trabalhadores, por força do decréscimo do volume de vendas que se tem verificado desde Janeiro de 2004 e que se está a tornar incomportável do ponto de vista económico-financeiro;

c) Não existem contratos a termo para as tarefas correspondentes às dos postos de trabalho extintos;

d) Neste caso, não é aplicável o regime do despedimento colectivo, dado que o despedimento em causa abrange apenas um trabalhador.

Da compensação

Nos termos do arts. 401.º *ex vi* 404.º, ambos do CT, o trabalhador abrangido pelo presente despedimento tem direito a uma compensação de €..., que lhe será paga no Gabinete de Contabilidade da empresa..., sito na Rua..., mediante cheque.

Da data da cessação do contrato

A cessação do contrato de trabalho celebrado com o trabalhador..., em virtude do despedimento em causa, verificar-se-á no dia 15 de Novembro de 2005.

....12 de Setembro de 2005

O instrutor,

_____

JUNTA: 10 Documentos.

NOTA:
A violação do disposto no art. 425.º, n.º 1, do CT, integra contra-ordenação grave (art. 681.º, n.º 1, al. *d*), do CT), salvo se o empregador assegurar ao trabalhador os direitos previstos no art. 436.º, do CT (art. 681.º, n.º 2, do CT).

(PROPOSTA DE) CARTA A COMUNICAR A DECISÃO DE DESPEDIMENTO AO TRABALHADOR (ART. 398.º, N.º 1 EX VI ART. 404.º, AMBOS DO CT)

Exmo. Senhor:
...
Rua
...

2005.09.12
Registada c/ A.R.

ASSUNTO: Comunicação de decisão de despedimento

Exmo. Senhor,

Em cumprimento do disposto no n.º 1, do art. 398.º *ex vi* art. 404.º, ambos do CT, somos pela presente a comunicar que decidimos proceder ao seu despedimento por extinção do posto de trabalho, nos termos e com os fundamentos que constam da decisão que se junta.

Com os melhores cumprimentos,

(O instrutor)

JUNTA: Uma decisão.

(PROPOSTA DE) CARTA A ENVIAR CÓPIA DE DECISÃO DE DESPEDIMENTO À COMISSÃO DE TRABALHADORES (1.º PARTE, DO N.º 2, DO ART. 425.º, DO CT)

Comissão de trabalhadores da empresa...
Rua
...

2005.09.12
Registada c/ A.R.

ASSUNTO: Comunicação de decisão de despedimento

Exmo. Senhor,
Em cumprimento do disposto na 1.º parte, do n.º 2, do art. 425.º, do CT, somos pela presente a enviar cópia da decisão de despedimento do trabalhador... por extinção do posto de trabalho.

Com os melhores cumprimentos,

(O instrutor)

JUNTA: Uma decisão.

NOTA:
A violação do disposto no art. 425.º, n.º 2, do CT, integra contra-ordenação leve (art. 681.º, n.º 4, do CT).

C) DESPEDIMENTO POR INADAPTAÇÃO

a) Noção

A lei aborda a inadaptação superveniente (dado que a originária relevaria para efeito de denúncia durante o período experimental) do trabalhador como uma das causas de resolução contratual (art. 405.º, do CT)[65].
O art. 406.º, do CT consagra alguns critérios de concretização dessa inadaptação:
– redução continuada de produtividade ou de qualidade (critério quantitativo e qualitativo de desempenho), nos termos do n.º 1, al. *a*);
– avarias repetidas nos meios afectos ao posto de trabalho (n.º 1, al. *b*));
– riscos para a segurança e saúde do próprio trabalhador, dos restantes trabalhadores ou de terceiros (n.º 1, al. *c*));
– para certo tipo de trabalhadores (que exerçam cargos de complexidade técnica ou de direcção), não cumprimento dos objectivos traçados, da qual resulte impossibilidade de subsistência da relação de trabalho (n.º 2). Este último critério é, como vemos, o que mais desvios pode comportar, atendendo ao grau de subjectividade implícito nessa avaliação.
Com excepção da hipótese prevista no n.º 2, do art. 406.º, do CT, a lei impõe ainda os seguintes requisitos de legitimação do despedimento:
i) a obsolescência técnica do trabalhador (art. 407.º, n.º 1, al. *a*), do CT);
ii) a dotação por parte do empregador de competentes acções de formação (art. 407.º, n.º 1, al. *b*), do CT);
iii) a concessão ao trabalhador de um período de adaptação, não inferior a 30 dias, após a acção de formação (art. 407.º, n.º 1, al. *c*), 1ª parte, do CT);

---

[65] Para maiores desenvolvimentos, *v*. JOÃO SOARES RIBEIRO, "Cessação do contrato de trabalho por inadaptação do trabalhador", IV CNDT, Almedina, p. 401 e MENEZES CORDEIRO, "Da cessação do contrato de trabalho por inadaptação do trabalhador perante a Constituição da República", RDES, Julho-Dez., 1991, p. 398.

iv) exercício de funções que possam causar o perigo de prejuízos ou riscos para a segurança e saúde do próprio trabalhador, dos outros trabalhadores ou de terceiros (art. 407.º, n.º 1, al. *c*), 2ª parte, do CT);

v) inexistência na empresa de outro posto disponível e compatível com a qualificação do trabalhador (a exemplo do despedimento por extinção de posto de trabalho, não se obriga o empregador à criação de um novo posto compatível com a categoria do trabalhador para assim evitar o despedimento), conforme dispõe o art. 407.º, n.º 1, al. d), do CT;

vi) inadaptação não determinada por falta de condições de segurança, higiene e saúde no trabalho imputável ao empregador, pois em tal caso, a inadaptação seria imputável ao próprio empregador, que a não poderia usar contra o trabalhador (art. 407.º, n.º 1, al. *e*), do CT);

vii) pagamento de compensação, a exemplo do previsto no despedimento por extinção de posto de trabalho (art. 407.º, n.º 1, al. f), do CT).

O n.º 2, do art. 407.º, do CT, relativamente ao despedimento por inadaptação em cargos de complexidade técnica ou de direcção (n.º 2, do art. 406.º, do CT), impõe os seguintes requisitos cumulativos:

i) a obsolescência técnica do trabalhador (al. *a*));

ii) a inadaptação não seja determinada pela falta de condições de segurança, higiene e saúde no trabalho imputável ao empregador (al. *b*));

iii) a compensação devida tenha sido disponibilizada ao trabalhador (al. *c*)).

À semelhança do previsto para o despedimento por extinção de posto de trabalho, também aqui, ao trabalhador transferido para o posto de trabalho, em relação ao qual se verifique a inadaptação, é conferido o direito de recuperar o posto anterior (art. 408.º, do CT).

Da cessação nos termos expostos não pode resultar diminuição do volume de emprego na empresa (art. 410.º, n.º 1, do CT). Para esse efeito, o n.º 2, do art. 410.º, do CT determina que o empregador, no prazo de 90 dias:

– proceda a nova admissão de trabalhador, a termo ou sem termo[66] (al. a)) ou
– transfira trabalhador, visando a extinção do posto de trabalho anterior (al. b)).

b) Créditos devidos em caso de despedimento por inadaptação lícito

Também no despedimento por inadaptação lícito são conferidos os seguintes direitos ao trabalhador:

i) Crédito de horas
Durante o prazo de aviso prévio da decisão final de despedimento (fixado em 60 dias relativamente à data prevista para a produção dos respectivos efeitos, art. 398.º, n.º 1 *ex vi* art. 409.º, ambos do CT), o trabalhador tem direito a um *crédito de horas* correspondente a dois dias de trabalho por semana, sem prejuízo da retribuição a gozar no seu interesse (art. 399.º, n.ºˢ 1 e 2 *ex vi* art. 409.º, ambos do CT).

Salvo motivo atendível, o trabalhador deve avisar o empregador com 3 dias de antecedência que pretende utilizar o crédito (art. 399.º, n.º 3 *ex vi* art. 409.º, ambos do CT).

ii) Direito a compensação
O trabalhador tem direito a uma compensação correspondente a um mês de retribuição base e diuturnidades por cada ano completo de antiguidade (art. 401.º *ex vi* art. 409.º, ambos do CT).

Em nome do princípio da proporcionalidade, a fracção de ano não é, neste contexto, equivalente a um ano (art. 401.º, n.º 2 *ex vi* art. 409.º, ambos do CT).

A referida compensação não pode ser inferior a 3 meses de retribuição base e diuturnidades (art. 401.º, n.º 3 *ex vi* art. 409.º, ambos do CT).

O Código do Trabalho retomou a natureza presuntiva da aceitação da compensação, que vigorava ao tempo da LCCT e que a Lei n.º 32/99, de 18.04 havia revogado.[67]

---

[66] A única permitida na lei anterior, *v.* art. 10.º, n.º 2, al. *a*) do Decreto-Lei n.º 400/91, de 16 de Outubro.
[67] *V.* sobre esta matéria, JOÃO LEAL AMADO, "Algumas notas...", p. 281.

O trabalhador, caso opte por denunciar o contrato de trabalho durante o prazo de aviso prévio, mantém o direito à compensação (art. 400.º *ex vi* art. 409.º, ambos do CT).

Sobre responsabilidade contra-ordenacional, *v.* art. 681.º, do CT.

PROCEDIMENTO PARA DESPEDIMENTO POR INADAPTAÇÃO

(PROPOSTA DE) CARTA A COMUNICAR À COMISSÃO DE TRABALHADORES A NECESSIDADE DE FAZER CESSAR CONTRATO DE TRABALHO POR INADAPTAÇÃO DO TRABALHADOR (ART. 426.º, N.º 1, DO CT) E A SOLICITAR EMISSÃO DE PARECER (ART. 427.º, N.º 1, DO CT)

Comissão de trabalhadores da empresa...
Rua...

2005.09.01
Registada c/ A.R.

ASSUNTO: Comunicação da necessidade de fazer cessar contrato de trabalho por inadaptação do trabalhador

Exmos. Senhores,

    Em cumprimento do disposto no art. 426.º, n.º 1, do CT, somos pela presente a comunicar que, a empresa..., com sede na Rua..., Pessoa Colectiva n.º..., que se dedica à actividade de fabrico e comercialização de acessórios para automóveis, vê-se forçada, pelos motivos que indica em anexo, a proceder ao despedimento por inadaptação do Exmo. Sr...., empregado de escritório.

    Nos termos do art. 426.º, n.º 2, do CT, a presente comunicação é acompanhada de indicação dos motivos invocados para a cessação do contrato de trabalho, das modificações introduzidas no posto de trabalho, dos resultados da formação ministrada, do período de adaptação facultado e da inexistência de outro posto de trabalhado compatível.

Aproveitamos, ainda, para solicitar a V. Exas. que emitam parecer fundamentado quanto aos motivos invocados para o despedimento, nos termos do disposto no n.º 1, do art. 427.º, do CT.

Com os nossos melhores cumprimentos,

(O instrutor)

JUNTA: Indicação dos motivos invocados para a cessação do contrato de trabalho, das modificações introduzidas no posto de trabalho, dos resultados da formação ministrada, do período de adaptação facultado e da inexistência de outro posto de trabalhado compatível.

NOTA:
A violação do disposto no art. 426.º, n.º 2, do CT, integra contra-ordenação grave, salvo se, existindo fundamento para a ilicitude do despedimento, o empregador assegurar ao trabalhador os direitos previstos no art. 436.º (art. 681.º, n.º 1, al. e) e n.º 2, do CT).

(PROPOSTA DE) CARTA A COMUNICAR AO TRABALHADOR ABRANGIDO A NECESSIDADE DE FAZER CESSAR O CONTRATO DE TRABALHO POR INADAPTAÇÃO (ART. 426.º, N.º 1, DO CT)

Exmo. Senhor:
...
Rua...

2005.09.01
Registada c/ A.R.

ASSUNTO: Comunicação da necessidade de cessar o contrato de trabalho por inadaptação

Exmos. Senhores,

Em cumprimento do disposto no art. 426.º, n.º 1, do CT, somos pela presente a comunicar que, a empresa..., com sede na Rua..., Pessoa Colectiva n.º..., que se dedica à actividade de fabrico e comercialização de acessórios para automóveis, vê-se forçada, pelos motivos que indica em anexo, a proceder ao despedimento de V. Exa. por inadaptação.

Nos termos do art. 426.º, n.º 2, do CT, a presente comunicação é acompanhada de indicação dos motivos invocados para a cessação do contrato de trabalho, das modificações introduzidas no posto de trabalho, dos resultados da formação ministrada, do período de adaptação facultado e da inexistência de outro posto de trabalhado compatível.

Com os nossos melhores cumprimentos,

(O instrutor)

JUNTA: Indicação dos motivos invocados para a cessação do contrato de trabalho, das modificações introduzidas no posto de trabalho, dos resultados da formação ministrada, do período de adaptação facultado e da inexistência de outro posto de trabalhado compatível.

NOTA:

A violação do disposto no art. 426.º, n.º 2, do CT, integra contra-ordenação grave, salvo se, existindo fundamento para a ilicitude do despedimento, o empregador assegurar ao trabalhador os direitos previstos no art. 436.º (art. 681.º, n.º 1, al. *e*) e n.º 2, do CT).

(PROPOSTA DE) INDICAÇÃO DOS MOTIVOS INVOCADOS PARA A CESSAÇÃO DO CONTRATO DE TRABALHO, DAS MODIFICAÇÕES INTRODUZIDAS NO POSTO DE TRABALHO, DOS RESULTADOS DA FORMAÇÃO MINISTRADA, DO PERÍODO DE ADAPTAÇÃO FACULTADO E DA INEXISTÊNCIA DE OUTRO POSTO DE TRABALHADO COMPATÍVEL (N.º 2, DO ART. 426.º, DO CT)

Motivos da cessação do contrato de trabalho

1. Em 1998.10.05, a empresa... admitiu ao seu serviço o Exmo. Senhor... que sob a sua autoridade e direcção, exerceu as funções de empregado de escritório na sua sede, mediante a retribuição mensal de €...;

2. As funções do referido trabalhador consistiam, fundamentalmente:
— na emissão de facturas, notas de devolução e guias de transporte;
— no registo do material existente em *stock;*
— no processamento de recibos de remuneração e de mapas de pessoal e de férias.

3. No decurso do ano de 2002 e daí em diante, a empresa ... viu aumentado o número de pedidos de fornecimento e de notas de encomenda.

4. Por outro lado, grande parte dos clientes começaram a sugerir e, nalguns casos, a impor que fossem criadas condições para que as relações comerciais pudessem ser realizadas via electrónica, *maxime* pela *internet.*

5. Aliás, alguns clientes deixaram de negociar com a empresa, em virtude de esta não estar munida dos meios tecnológicos essenciais para garantir a celeridade, a simplicidade e o baixo custo necessários nas relações comerciais actuais.

6. Neste seguimento, foi solicitado à empresa ... um estudo para aferir quais os programas existentes no mercado que tivessem por objecto o tratamento de pedidos de encomendas, de emissão de facturas e guias de transporte e, simultaneamente, de gestão de recursos humanos e respectivo grau de dificuldade de aprendizagem do programa.

Foi, ainda, solicitado que fossem analisados quais os benefícios e inconvenientes da instalação de um programa daquele natureza.

7. O estudo concluí que a instalação de tal programa apresentava inúmeros benefícios de ordem tecnológica, económica e comercial, garantindo, acima de tudo, um melhor, mais rápido e menos dispendioso serviço aos clientes (cfr. Estudo que se junta em anexo).

8. Analisado o estudo, optou-se pela instalação do programa ..., principalmente, porque de todos era o que exigia menor esforço de aprendizagem (cfr. Estudo que se junta em anexo).

9. Em 2004.02.05, a empresa ..., depois de analisar o referido estudo e depois de ministrar a respectiva formação profissional adequada, procedeu à dita instalação.

10. Acontece que, o trabalhador ..., não obstante ter-lhe sido conferido um período de adaptação de 6 meses (mais precisamente de 2005.02.05 a 2005.07.05) não conseguiu, nem consegue utilizar o programa que foi instalado.

11. Tendo inclusive, por diversas vezes, provocado graves avarias, das quais se destacam as seguintes:

– Nos dias 10, 15, 20 e 31, de Março, de 2005 apagou todos os ficheiros existentes, o que levou à solicitação dos serviços da empresa ..., que pela recuperação dos ficheiros cobrou a quantia de € 3.000,00;

– Nos dias 15, 20 e 29, de Abril, de 2005, bloqueou o sistema informático, provocando um prejuízo de € 4.000,00.

12. Não obstante, os superiores hierárquicos do trabalhador, bem como os seus colegas de trabalho tudo terem feito para que este se adapta-se ao novo programa informático.

O que, diga-se desde já, nunca veio a acontecer.

13. Desta forma, não resta outra alternativa que não seja o despedimento do trabalhador ... por inadaptação.

Dos resultados da formação ministrada

Em 2004.10.01, a empresa ... ministrou acção de formação profissional adequada às modificações introduzidas no posto de trabalho, sob controlo pedagógico da autoridade competente, nos termos da al. b), do n.º 1, do art. 407.º, do CT.

Formação que foi concluída em 2005.02.01.

Em cumprimento do disposto al. b), do n.º 2, do art. 426.º, do CT, juntamos, em anexo, os resultados da referida formação.

Período de adaptação facultado

Ao trabalhador ... foi ministrada a formação profissional referida (cfr. Respectivos resultados juntos em anexo).

Depois de concluída a formação foi-lhe conferido um período de adaptação de 6 meses, mais precisamente de 2005.02.05 a 2005.07.05.

Modificações introduzidas no posto de trabalho

a) Em 2005.02.05, a empresa, por motivos de ordem económica e comercial, instalou o programa informático ... destinado ao tratamento de pedidos de encomendas, de emissão de facturas e guias de transporte e, simultaneamente, à gestão de recursos humanos.

Inexistência de posto de trabalho compatível com a qualificação profissional do trabalhador

O trabalhador sempre exerceu as funções de empregado de escritório, não tendo qualificação profissional para outras tarefas.

Todas as funções de empregado de escritório na empresa implicam o domínio do programa informático ... aí instalado.

Pelo exposto, referimos que na empresa não existe posto de trabalho compatível com a qualificação profissional do trabalhador.

.... 01 de Setembro de 2005

O instrutor,

JUNTA: Um estudo.

NOTA:
A violação do disposto no art. 426.º, n.º 2, do CT, integra contra-ordenação grave, salvo se, existindo fundamento para a ilicitude do despedimento, o empregador assegurar ao trabalhador os direitos previstos no art. 436.º (art. 681.º, n.º 1, al. *e*) e n.º 2, do CT).

(PROPOSTA DE) OPOSIÇÃO DO TRABALHADOR AO DESPEDIMENTO POR INADAPTAÇÃO (ART. 427.º, N.º 2, DO CT)

Exmo. Senhor Instrutor:
Rua...

2005.09.05
Registada c/ A.R.

ASSUNTO: Oposição ao despedimento por inadaptação

Exmo. Senhor,

Tendo sido informado que a empresa... com sede na Rua..., Pessoa Colectiva n.º..., pretende proceder ao meu despedimento por inadaptação, sou pela presente, ao abrigo do disposto no n.º 2, do art. 427.º, do CT, a apresentar a respectiva oposição, nos termos e com os seguintes fundamentos:

1. No que diz respeito aos motivos invocados para a instalação do programa informático..., na secção onde exerço funções, nada tenho a opor.

2. Ao invés, é falso que não me tenha adaptado ao referido programa.

3. Com efeito, nunca apresentei quaisquer dificuldades na sua utilização, tendo sido, *inclusive,* o trabalhador com melhor desempenho a nível da formação ministrada, cfr. respectivos resultados.

4. As avarias elencadas no ponto 11 da indicação de motivos não me podem ser imputadas,

senão vejamos,

5. Desconheço, em absoluto que nos dias 10, 15, 20 e 31, de Março, de 2005 tenha havido eliminação de ficheiros.

6. Já no que diz respeito aos bloqueamentos do sistema informático verificados nos dias 15, 20 e 29, de Abril, de 2005, os mesmos deveram-se a defeito do próprio sistema, como viria a ser admitido pela empresa fornecedora, que, prontamente, assumiu o pagamento da quantia de € 4.000,00, a título de indemnização pelos prejuízos sofridos.

7. Importa, ainda, referir que de todos os empregados de escritório desta empresa, sou o que apresenta mais qualificações a nível informático.

Assim, tendo em consideração tais factos entendo que não há quaisquer motivos para proceder ao meu despedimento por inadaptação.

Com os melhores cumprimentos,

(O trabalhador)
_____

NOTA:
Dentro do prazo de 10 dias a contar da comunicação de despedimento por inadaptação, o trabalhador pode deduzir oposição à cessação do contrato de trabalho, apresentando a prova conveniente (art. 427.º, n.º 1, do CT).

(PROPOSTA DE) DECISÃO (ART. 428.º, N.º 1, DO CT)

DECISÃO

Em cumprimento do disposto no art. 428.º, n.º 1, do CT, a empresa..., com sede na Rua..., Pessoa Colectiva n.º..., que se dedica à actividade de fabrico e comercialização de acessórios para automóveis, no âmbito do procedimento de despedimento por inadaptação do trabalhador..., profere decisão nos seguintes termos e fundamentos:

Do motivo da cessação do contrato de trabalho

1. Em 1998.10.05, a empresa... admitiu ao seu serviço o Exmo. Senhor ... que sob a sua autoridade e direcção, exerceu as funções de empregador de escritório na sua sede, mediante a retribuição mensal de € ...;

2. As funções do referido trabalhador consistiam, fundamentalmente:
– na emissão de facturas, notas de devolução e guias de transporte;
– no registo do material existente em s*tock*;
– no processamento de recibos de remuneração e de mapas de pessoal e de férias.

3. No decurso do ano de 2002 e daí em diante, a empresa ... viu aumentado o número de pedidos de fornecimento e de notas de encomenda.

4. Por outro lado, grande parte dos clientes começaram a sugerir e, nalguns casos, a impor que fossem criadas condições para que as relações comerciais pudessem ser realizadas via electrónica, *maxime* pela *internet*.

5. Aliás, alguns clientes deixaram de negociar com a empresa, em virtude de esta não estar munida dos meios tecnológicos essenciais para garantir a celeridade, a simplicidade e o baixo custo necessários nas relações comerciais actuais.

6. Neste seguimento, foi solicitado à empresa ... um estudo para aferir quais os programas existentes no mercado que tivessem por objecto o tratamento de pedidos de encomendas, de emissão de facturas e guias de transporte e, simultaneamente, de gestão de recursos humanos e respectivo grau de dificuldade de aprendizagem.

Foi, ainda, solicitado que fossem analisados quais os benefícios e inconvenientes da instalação de um programa daquele natureza.

7. O estudo conclui que a instalação de tal programa apresentava inúmeros benefícios de ordem tecnológica, económica e comercial, garantindo, acima de tudo, um melhor, mais rápido e menos dispendioso serviço aos clientes.

8. Analisado o estudo, optou-se pela instalação do programa ..., principalmente, porque de todos era o que exigia menor esforço de aprendizagem.

9. Em 2004.02.05, a empresa ..., depois de analisar o referido estudo e depois de ministrar a respectiva formação profissional adequada, procedeu à dita instalação.

10. Acontece que, o trabalhador ..., não obstante ter-lhe sido conferido um período de adaptação de 6 meses (mais precisamente de 2005.07.05 a 2005.07.05) não conseguiu, nem consegue utilizar o programa que foi instalado.

11. Tendo inclusive, por diversas vezes, provocado graves avarias, das quais se destacam as seguintes:

– Nos dias 10, 15, 20 e 31, de Março, de 2005 apagou todos os ficheiros existentes, o que levou à solicitação dos serviços da empresa ..., que pela recuperação dos ficheiros cobrou a quantia de € 3.000,00;

– Nos dias 15, 20 e 29, de Abril, de 2005, bloqueou o sistema informático, provocando um prejuízo de € 4.000,00.

12. Não obstante, os superiores hierárquicos do trabalhador, bem como os seus colegas de trabalho tudo terem feito para que este se adapta-se ao novo programa informático. O que, diga-se desde já, nunca veio a acontecer.

13. Desta forma, não resta outra alternativa que não seja o despedimento do trabalhador... por inadaptação.

Da verificação dos requisitos previstos no art. 407.º, do CT

a) Conforme supra referido, em 2005.07.05 foi introduzida na empresa nova tecnologia, isto é, mais de seis meses antes do início do presente procedimento de despedimento;

b) Em 2004.10.01, a empresa ... ministrou acção de formação profissional adequada às modificações introduzidas no posto de trabalho, sob controlo pedagógico da autoridade competente. Formação que foi concluída em 2005.02.01.

Ao trabalhador ... foi ministrada a formação profissional referida;

c) Depois de concluída a formação, foi-lhe conferido um período de adaptação de 6 meses, mais precisamente de 2005.02.05 a 2005.07.05;

d) O trabalhador... sempre exerceu as funções de empregado de escritório, não tendo qualificação profissional para outras tarefas.

Todas as funções de empregado de escritório na empresa implicam o domínio do programa informático ..., aí instalado.

Assim, não existe posto de trabalho compatível com a sua qualificação profissional;

e) A situação de inadaptação em causa não foi determinada pela falta de condições de segurança, higiene e saúde no trabalho (muito menos, imputáveis ao empregador).

Desta forma, encontram-se verificados todos os requisitos previstos no art. 407.º, do CT.

Da compensação

Nos termos do arts. 401.º *ex vi* 409.º, ambos do CT, o trabalhador abrangido pelo presente despedimento tem direito a uma compensação de €..., que lhe será paga no Gabinete de Contabilidade da empresa..., sito na Rua..., mediante cheque.

Da data da cessação do contrato

A cessação do contrato de trabalho celebrado com o trabalhador..., em virtude do despedimento em causa, verificar-se-á no dia 15 de Novembro de 2005.

....12 de Setembro de 2005

O instrutor,

_____

NOTA:

A falta de fundamentação da comunicação de despedimento integra contra--ordenação grave, salvo se, existindo fundamento para a ilicitude do despedimento, o empregador assegurar ao trabalhador os direitos previstos no art. 436.º (art. 681.º, n.º 1, al. *e*) e 2, do CT).

(PROPOSTA DE) CARTA A COMUNICAR A DECISÃO DE DESPEDIMENTO AO TRABALHADOR (ART. 428.º, N.º 2, DO CT)

Exmo. Senhor:
Rua...

2005.09.12
Registada c/ A.R.

ASSUNTO: Comunicação de decisão de despedimento

Exmo. Senhor,

Em cumprimento do disposto no n.º 2, do art. 428.º, do CT, somos pela presente a comunicar que decidimos proceder ao seu despedimento por inadaptação, nos termos e com os fundamentos que constam da decisão que se junta.

Com os melhores cumprimentos,

(O instrutor)
_____

JUNTA: Uma decisão.

(PROPOSTA DE) CARTA A ENVIAR CÓPIA DE DECISÃO DE DESPEDIMENTO À COMISSÃO DE TRABALHADORES (N.º 2, DO ART. 428.º, DO CT)

Comissão de trabalhadores da empresa...
Rua...

2005.09.12
Registada c/ A.R.

ASSUNTO: Comunicação de decisão de despedimento

Exmo. Senhor,
Em cumprimento do disposto no n.º 2, do art. 428.º, do CT, somos pela presente a enviar cópia da decisão de despedimento do trabalhador... por inadaptação.

Com os melhores cumprimentos,

(O instrutor)
_____

JUNTA: Uma decisão.

(PROPOSTA DE) CARTA A ENVIAR CÓPIA DE DECISÃO DE DESPEDIMENTO AO MINISTÉRIO DO TRABALHO E DA SEGURANÇA SOCIAL (ART. 428.º, N.º 2, PARTE FINAL, DO CT)

Ministério do Trabalho e da Segurança Social
Rua...

2005.09.12
Registada c/ A.R.

ASSUNTO: Comunicação de decisão de despedimento

Exmo. Senhor,
Em cumprimento do disposto na parte final, do n.º 2, do art. 428.º, do CT, somos pela presente a enviar cópia da decisão de despedimento do trabalhador... por inadaptação.

Com os melhores cumprimentos,

(O instrutor)
_____

JUNTA: Uma decisão.

6. Combate aos *encerramentos selvagens*

Os arts. 296.º (dedicado ao encerramento *temporário* da empresa ou estabelecimento[68] por facto imputável ao empregador, sem que este tenha iniciado um procedimento com vista ao despedimento colectivo ou por extinção de postos de trabalho) e 299.º (dedicado ao encerramento *definitivo* da empresa ou estabelecimento por facto imputável ao empregador), ambos da **RCT**, pretendem combater aquilo que é habitualmente denominado *encerramento selvagem*, porquanto ocorre sem prévio procedimento com vista ao despedimento colectivo ou por extinção de postos de trabalho, não garantindo, por conseguinte, a posição dos trabalhadores.

Conforme resulta do n.º 2, do art. 296.º, da **RCT**, há encerramento temporário da empresa ou estabelecimento por facto imputável ao empregador sempre que:

– por decisão deste, a empresa ou estabelecimento deixar de exercer a sua actividade;

– houver interdição de acesso aos locais de trabalho;

– houver recusa em fornecer trabalho, condições e instrumentos de trabalho,

que determine ou possa determinar a paralisação da empresa ou estabelecimento.

O *encerramento definitivo*, não obstante a omissão da lei, parece ocorrer quando a empresa ou estabelecimento está efectivamente paralisada.

Perante o encerramento *temporário* da empresa ou estabelecimento, a lei obriga ao cumprimento do procedimento previsto nos n.ºs 3 a 8, do art. 296.º, da **RCT**, que pretende assegurar o direito à informação aos trabalhadores e o pagamento das retribuições em mora (mediante prestação de garantia por parte do empregador[69]).

---

[68] Sobre a nossa crítica aos conceitos de empresa e estabelecimento, *v*. a nossa "A *dificultosa...*".

[69] A garantia prestada abrange as retribuições em mora, as retribuições referentes ao período de encerramento temporário da empresa ou estabelecimento e a compensação por despedimento colectivo, relativamente aos trabalhadores abrangidos pelo encerramento. No entanto, esta última prestação pode ser afastada sempre que 2/3 dos trabalhadores da empresa manifestem a respectiva concordância escrita e expressa (n.º 7, do art. 296.º, da RCT).

Atento o mesmo fim, a **RCT** prevê a *inibição de prática de certos actos* (art. 297.º) e a *proibição de actos de disposição* (art. 298.º).

Igual tratamento recebe o encerramento *definitivo* da empresa ou estabelecimento, por remissão do art. 299.º, da **RCT**. E neste último caso, a norma remissiva obriga à aplicação do disposto no n.º 2, do art. 390.º, do CT.

Conforme já referimos:[70] "O legislador considera que não há despedimento ilícito por invalidade procedimental (respectivamente, arts. 431.º e 432.º do Código do Trabalho), mas caducidade dos respectivos contratos de trabalho, nos casos em que o encerramento definitivo tenha ocorrido sem ter sido iniciado o procedimento devido, atenta a remissão para o n.º 2, do art. 390.º, do Código do Trabalho (1ª parte, acrescentaríamos), que estatui que o "encerramento total e definitivo da empresa determina a caducidade do contrato de trabalho".

A redacção do preceito é pouco clara. Aparentemente, parece convidar às «cessações selvagens», ao remeter exclusivamente para o n.º 2, do artigo 390.º, do CT.

Consideramos, no entanto, que também será de aplicar o n.º 5, do art. 390.º, do CT, que atribui ao trabalhador o direito à compensação estabelecida para o despedimento colectivo (art. 401.º, do CT) ".

De referir, ainda, que a solução prevista na **RCT** só será aplicável nos casos em que, de facto, se esteja perante um despedimento colectivo, ou um despedimento por extinção de posto de trabalho. Os restantes casos apontados pelo Acordão do Tribunal de Justiça de 12 de Outubro de 2004 (*v.g.*, falência, morte do empregador, dissolução da pessoa colectiva empregadora) não recebem aí qualquer regulação. Como veremos de seguida, a cessação dos contratos de trabalho em violação do regime previsto, não configura qualquer tipo de crime.

Por sua vez, a violação dolosa do disposto nos artigos 296.º e 299.º, da **RCT**, configura crime punido com pena de prisão até dois anos ou com pena de multa até 240 dias (art. 465.º, da **RCT**). Este novo tipo de crime enquadra-se assim nos recém-chamados crimes

---

[70] *In* "Regulamentação do Código do Trabalho", 3ª edição, Almedina, 2006, p. 213.

laborais[71], previstos no Código do Trabalho e em alguma legislação avulsa.

A violação não dolosa do disposto nos artigos 296.º e 299.º, da **RCT**, configura **contra-ordenação muito grave** (art. 486.º, da **RCT**), cujo procedimento se encontra regulado nos arts. 614.º e ss., do Código do Trabalho.

O empregador deve informar os trabalhadores e a comissão de trabalhadores ou, na sua falta, a comissão intersindical ou as comissões sindicais da empresa, da fundamentação, duração previsível e consequências do encerramento (n.º 3, do art. 296.º, da **RCT**). Este dever de informação visa permitir a obtenção de *parecer prévio* da comissão de trabalhadores, obrigatório, em matérias que impliquem "diminuição substancial do número de trabalhadores da empresa ou agravamento substancial das suas condições de trabalho e, ainda, as decisões susceptíveis de desencadear mudanças substanciais no plano da organização de trabalho ou dos contratos de trabalho", nos termos do art. 357.º, n.º 1, al. *h*), da **RCT**. Constituindo a violação do disposto neste artigo contra-ordenação grave, nos termos do art. 488.º, n.º 2, da **RCT**.

As contra-ordenações podem ser muito graves, graves e leves, consoante a gravidade da infracção (art. 619.º, do CT).

A cada escalão de gravidade das infracções laborais corresponde uma coima variável em *função do volume de negócios da empresa* (e não em função do número de trabalhadores) e do *grau da culpa do sujeito contra-ordenacional* (art. 617.º, do CT)[72].

A coima aplicável à contra-ordenação muito grave encontra-se prevista no n.º 4, do art. 620.º, do CT.

O montante das coimas é apurado com referência a uma UC (Unidade de Conta).

A UC corresponde à quantia em dinheiro equivalente a um quarto da remuneração mínima mensal mais elevada, garantida, no momento da condenação, aos trabalhadores por conta de outrém, arredondada, quando necessário, para a unidade de euros mais próxima ou, se a proximidade for igual, para a unidade de

---

[71] V. Livro II, do Código do Trabalho, em particular, a parte da responsabilidade penal.

[72] V., ainda, o art. 625.º, do CT, também para a determinação da medida da coima e o art. 627.º, do CT para a aplicação das sanções acessórias.

euros imediatamente inferior, cfr. art. 5.º, n.º 2, do DL n.º 212/89, de 30 de Junho com a redacção introduzida pelo DL n.º 323/2001, de 17 de Dezembro.

Para este efeito, a UC, trienalmente, considera-se automaticamente actualizada a partir de 1 de Janeiro de 1992, devendo, para o efeito, atender-se sempre à remuneração anterior (art. 6.º, n.º 1, do referido DL n.º 212/89).

Nos termos dos artigos 614.º a 640.º do CT *ex vi* art. 469.º, da RCT, os valores máximos das coimas aplicáveis a infracções muito graves previstos no n.º 4, do artigo 620.º do CT, são, nos termos do art. 622.º, da **RCT**, *elevados para o dobro* nas situações de violação de direitos dos organismos representativos dos trabalhadores (nomeadamente das comissões de trabalhadores, bem como de direitos das associações sindicais), designadamente, nos casos em que há violação do disposto no artigo 357.º, da **RCT**.

Na eventualidade de o sujeito não ser uma empresa, a norma aplicável é a constante do art. 621.º, do CT.

7. Suspensão preventiva do despedimento

Nos termos do art. 434.º, do CT (e de acordo com os arts. 34.º a 43.º, do CPT[73]), o trabalhador pode requerer a suspensão preventiva do despedimento no prazo de cinco dias úteis a contar da data da recepção da comunicação de despedimento, afim de assegurar a manutenção, até decisão judicial final, da retribuição auferida.

8. Causas de ilicitude do despedimento

O art. 429.º, do CT apresenta as seguintes causas de ilicitude:
i) Ausência de procedimento disciplinar (ou seja, *despedimento verbal*);

---

[73] Aprovado pelo DL n.º 480/99, de 09.09, com as alterações introduzidas pelo DL n.º 323/2001, de 17.12 e pelo DL n.º 38/2003, de 08.03.

ii) Despedimento fundado em motivos políticos, ideológicos, étnicos ou religiosos, ainda que com invocação de motivo diverso (os chamados *despedimentos de tendência*);

iii) Improcedência dos motivos invocados para o despedimento (despedimento sem justa causa, ou sem justa causa suficientemente grave para legitimar o despedimento).

O art. 430.º, do CT apresenta ainda quanto ao **despedimento por facto imputável ao trabalhador** como causas de ilicitude do mesmo:

– a prescrição da infracção disciplinar (e caducidade do respectivo procedimento) e

– a invalidade procedimental (baseada em falta de indicação da vontade de despedir, formulação da nota de culpa em desvio do imposto legalmente, violação do princípio do contraditório, não redução a escrito da decisão de despedimento e respectivos fundamentos).

O art. 431.º, do CT, contempla os casos que determinam a ilicitude do **despedimento colectivo,** o art. 432.º reporta-se à ilicitude do **despedimento por extinção de posto de trabalho** e o art. 433.º cuida da ilicitude do **despedimento por inadaptação.**

9. Consequências creditórias e outras da ilicitude do despedimento

No regime geral, o despedimento ocorre extra-judicialmente, sendo depois a respectiva (i)licitude declarada pelo tribunal competente, em acção intentada pelo trabalhador (art. 435.º, n.º 1, do CT).

No caso de trabalhador representante sindical, membro de comissão de trabalhadores ou membro de conselho de empresa (art. 456.º, n.º 4, do CT), bem como no caso de trabalhador representante dos trabalhadores para a segurança, higiene e saúde no trabalho, a acção de impugnação tem natureza urgente (art. 282.º, n.º 4, da RCT).

A lei obriga à impugnação do *despedimento ilícito singular* no prazo de um ano (art. 435.º, n.º 2, 1ª parte, do CT)[74] e, no caso de

---

[74] **Jurisprudência:**
Terminando em período de férias judiciais o prazo de 30 dias para ser proposta acção de impugnação de despedimento individual como condição da manutenção da

despedimento colectivo, no prazo de seis meses (art. 435.º, n.º 2, 2ª parte, do CT), desejando a lei que o trabalhador reaja rapidamente ao despedimento (mais propriamente nos 30 dias seguintes).

A impugnação judicial após os 30 dias seguintes ao despedimento (apesar de dentro do prazo previsto para acção judicial) acarreta para o trabalhador uma perda retributiva, sendo maior quanto mais tardia for a impugnação (art. 437.º, n.º 4, do CT).

As consequências creditórias do despedimento ilícito são então as seguintes:

9.1. Créditos de aplicação automática:

a) Prestações intercalares, ou seja, todas as "retribuições que (o trabalhador) deixou de auferir desde a data do despedimento até ao trânsito em julgado da decisão do tribunal" (art. 437.º, n.º 1, 2ª parte, do CT)[75], contanto que a acção judicial tenha sido intentada nos 30 dias seguintes ao despedimento (sob pena de serem deduzidas as retribuições respeitantes ao *período decorrido desde a data do despedimento até 30 dias antes da data da propositura da acção*), nos termos do n.º 4, do mesmo preceito.

A este montante serão deduzidas:
– as importâncias (rendimentos recebidos por contrato de trabalho ou outro) que o trabalhador tenha (comprovadamente)

---

eficácia de pedido de suspensão de despedimento ou de suspensão já decretada (art. 45.º, n.º 1, do CPT), esse termo transfere-se para o primeiro dia útil após férias (artigo 279.º, alínea e), do Código Civil).
(Ac. STJ, de 16.10.2002, www.stj.pt).

[75] **Jurisprudência:**
I – *Em caso de despedimento ilícito, se durante o período entre o despedimento e a sentença o trabalhador esteve com baixa por doença e nessa situação se reformou, nada é devido ao trabalhador a título de retribuições que deixou de auferir desde a data do despedimento até à da sentença.*
II – *E a indemnização de antiguidade deve ser calculada em atenção ao período de tempo decorrido entre a admissão do trabalhador e a data da reforma.*
(Ac. RL, de 13.04.2005, CJ, Ano XXX, Tomo II, p. 158).

obtido com a cessação do contrato e que não auferiria se não tivesse sido despedido (art. 437.º, n.º 2, do CT)[76].

– o subsídio de desemprego, se auferido pelo trabalhador (art. 437.º, n.º 3, do CT).

b) *Indemnização por antiguidade* (art. 438.º, n.º 1, do CT), **em substituição da reintegração** (art. 436.º, n.º 1, al. *b*), do CT).

A indemnização a atribuir é indexada à antiguidade do trabalhador, sendo fixada entre 15 e 45 dias de retribuição base e diuturnidades por cada ano completo ou fracção de ano de antiguidade (art. 439.º, n.º 1, do CT), não podendo ser inferior a 3 meses (art. 439.º, n.º 3, do CT)[77].

---

[76] **Jurisprudência:**

I – Tendo ficado para execução de sentença a liquidação das remunerações devidas à exequente, tal liquidação pode ser impugnada pela executada com fundamento no facto de aquela ter durante o período a que a liquidação respeita auferido rendimentos do trabalho (a terceiras pessoas).

II – O exequente ao proceder à liquidação deve fazê-lo de harmonia com o direito que lhe assiste, daí que, se ele auferiu rendimentos do trabalho (a terceiros) durante o período a que se reportam as remunerações intercalares (após o seu despedimento) por obediência ao seu dever de cooperação com a justiça, ele deve logo indicar os respectivos montantes no requerimento inicial para a liquidação, não recaindo sobe o requerido na liquidação o ónus de alegar e provar tais recebimentos.

III – O subsídio de transporte que a trabalhadora (autora na liquidação) tenha recebido por trabalho prestado a terceiros após o despedimento da ré (na liquidação) não é de levar em conta para ser deduzido nas quantias que aquela recebeu dos terceiros após o seu despedimento.

IV – A sanção pecuniária compulsória deve ser aplicada tendo-se em conta a data da sentença (na primeira instância) por ser de presumir que o legislador distinguiu a palavra «sentença» da palavra «acordão».

(Ac. STJ, de 23.01.2002, www.stj.pt).

[77] **Jurisprudência (à luz do CT):**

I – Nos termos do Código de Trabalho a indemnização de antiguidade em caso de despedimento é fixada pelo tribunal entre 15 e 45 dias de retribuição base e diuturnidades por cada ano completo ou fracção de antiguidade.

II – Nessa fixação deverão ponderar-se o valor da retribuição e o grau de ilicitude do despedimento.

III – Embora o critério da maior ou menor retribuição seja de pouco valor para determinação de dias a considerar no cálculo da indemnização de antiguidade, já o critério de ilicitude do despedimento deve e pode ser tido em consideração com mais importância para aquela definição do cálculo da indemnização.

(Ac. RL, de 16.03.2005, CJ, Ano XXX, Tomo II, p. 146).

Para efeito de determinação da antiguidade do trabalhador, o tribunal deve atender a todo o tempo decorrido desde a data do despedimento até ao trânsito em julgado da decisão judicial (art. 439.º, n.º 2, do CT).

— No caso de **trabalhadora grávida, puérpera ou lactante**, a indemnização é calculada entre 30 e 60 dias de retribuição base e diuturnidades por cada ano completo ou fracção de ano de antiguidade (art. 439.º, n.º 4, do CT), não podendo ser inferior a 6 meses (art. 439.º, n.º 5, do CT), por remissão do art. 51.º, n.º 7, do CT.

— No caso de **trabalhador representante sindical, membro de comissão de trabalhadores ou membro de conselho de empresa**, a indemnização é calculada entre 30 e 60 dias de retribuição base e diuturnidades por cada ano completo ou fracção de ano de antiguidade (art. 439.º, n.º 4, do CT), não podendo ser inferior a 6 meses (art. 439.º, n.º 5, do CT), por remissão do art. 456.º, n.º 5, do CT.

— No caso de **trabalhador representante dos trabalhadores para a segurança, higiene e saúde no trabalho**, a indemnização é calculada entre 30 e 60 dias de retribuição base e diuturnidades por cada ano completo ou fracção de ano de antiguidade (art. 439.º, n.º 4, do CT), não podendo ser inferior a 6 meses (art. 439.º, n.º 5, do CT *ex vi* art. 282.º, n.º 5, da **RCT)**.

No caso de **trabalhador temporariamente incapacitado em resultado de acidente de trabalho**, a indemnização é igual ao dobro da que lhe competia por despedimento ilícito (art. 306.º, n.º 4, do CT).

No caso de *contrato a termo* (certo ou incerto) o Código do Trabalho apresenta uma norma resolutiva única, prevista no art. 440.º, assim o empregador é obrigado a:

— **indemnizar** o trabalhador pelos prejuízos causados (em virtude da cessação ilícita), *havendo-os*, naturalmente (art. 440.º, n.º 2, al. *a*), 1ª parte). Ou seja, esta indemnização é puramente virtual[78];

— na mesma alínea, agora na 2ª parte, o legislador refere o direito a pelo menos uma **compensação**, que, a nosso ver, em nome

---

[78] Para uma análise comparativa, *v.* os comentários ao art. 443.º, do CT (indemnização devida ao trabalhador em sede de resolução com justa causa promovida por este), no nosso "Código do Trabalho...", p. 1038.

do rigor sintáctico, deveria constar de uma outra alínea. Assim, parece que se quer atribuir ao trabalhador, pelo menos, o valor das prestações intercalares, pois essa compensação não pode ser inferior à importância correspondente ao valor das retribuições que o trabalhador deixou de auferir *desde a data do despedimento até ao termo (certo ou incerto) do contrato ou até ao trânsito em julgado da decisão do tribunal, consoante o que primeiramente ocorrer*[79];

– acolher a sua reintegração, caso tenha sido essa a opção do trabalhador, e caso o termo contratual ocorra depois do trânsito em julgado da decisão do tribunal (al. *b*)).

Questiona-se se, neste caso, é de atribuir ao trabalhador indemnização por antiguidade. Face à remissão do n.º 1, do art. 440.º, do CT, parece ser de conceder essa indemnização.

c) *Crédito de férias*

Relembre-se que o crédito de férias é sempre devido seja qual for a causa da cessação contratual (cfr. arts. 214.º e 221.º, do CT).

9.2. *Créditos aplicáveis se demonstrado o respectivo nexo causal:*

Direito a indemnização por todos os danos (patrimoniais e morais), havendo-os e comprovado o necessário nexo causal (art. 436.º, n.º 1, al. *a*), do CT).

Em caso de despedimento lícito, os créditos devidos ao trabalhador são apenas os decorrentes do trabalho efectivamente prestado, bem como os relativos a férias.

---

[79] Discute-se se é de imputar, neste caso, ao trabalhador as correcções compensatórias previstas nos n.ºˢ 2 a 4, do art. 437.º, do CT. Parece-nos que face ao teor da lei, são de afastar tais correcções. Sobre este ponto, *v.* a nota n.º 7, da anotação ao art. 440.º, do nosso "Código do Trabalho...", p. 1003.

10. Direito de oposição à reintegração, no caso de *despedimento* por facto *imputável ao trabalhador*

O Código do Trabalho vem agora facultar ao empregador o **direito de oposição à reintegração** pedida pelo trabalhador, tratando-se de despedimento imputável a este último[80].

O exercício deste direito sofre as seguintes limitações:

– o empregador terá que provar que o regresso do trabalhador "é gravemente prejudicial e perturbador para a prossecução da actividade empresarial", atenta a *qualidade do trabalhador*, ou seja, essa perturbação só será atendível tratando-se do exercício de funções de administração ou direcção (art. 438.º, n.º 2, 2ª parte, do CT)[81]. A qualidade do trabalhador é irrelevante tratando-se de uma micro-empresa[82], pois, atenta a sua dimensão, a lei considera haver suficiente perigo de perturbação (art. 438.º, n.º 2, 1ª parte, do CT).

– O fundamento da oposição é apreciado pelo tribunal, afim de limitar a discricionariedade consentida por lei ao empregador, mas que pode ter sido subvertida (art. 438.º, n.º 3, do CT);

– O direito de oposição é afastado sempre que a ilicitude do despedimento se funde em motivos políticos, ideológicos, étnicos ou religiosos, ainda que com invocação de motivo diverso (os chamados "despedimentos de tendência"), bem como no caso em que o tribunal considere que o fundamento da oposição foi culposamente criado pelo empregador (numa derivação da figura do *venire contra factum proprium*).

---

[80] A constitucionalidade do conferido direito de oposição foi apreciada no Ac. n.º 306/2003, de 18.07 (DR-A), que numa posição não isenta de críticas, acolheu a sua constitucionalidade, entendendo que o "regime (que) não ameaça de forma desproporcionada a estabilidade do emprego, até porque só pode funcionar precedendo uma decisão judicial, ou seja, rodeada da garantia do juiz – realizando, em termos não censuráveis, uma concordância prática dos interesses em presença, por isso mesmo não ferindo as exigências constitucionais" (a p. 4158).

[81] Em desenvolvimento, *v*. PEDRO FURTADO MARTINS, "Consequências do despedimento ilícito: Indemnização/Reintegração", in "Código do Trabalho – Alguns aspectos cruciais", *Principia*, 2003, p. 57.

[82] Empresa que emprega no máximo 10 trabalhadores (art. 91.º, n.º 1, al. *a*), do CT).

– Impõe-se a exclusão do direito de oposição, tratando-se de **trabalhadoras grávidas, puérperas e lactantes**[83], face ao seu regime especial (art. 51.º, n.º 8, do CT).

– Relativamente aos **representantes sindicais, membros de comissão de trabalhadores ou membros de conselho de empresa europeu** (art. 456.º, n.º 5, do CT) e aos **representantes para a segurança, higiene e saúde no trabalho** (art. 282.º, n.º 5, da RCT), não obstante, concedendo que a questão não é consensual, mantemos[84] que pode também ocorrer o veto à reintegração pedida, confrontando os respectivos preceitos com o teor do n.º 8, do art. 51.º, do CT, que expressamente afasta a faculdade de o empregador se opor à reintegração.

---

[83] Para efeito de definição de trabalhadora grávida, trabalhadora puérpera e trabalhadora lactante, *v.* art. 34.º, do CT.

[84] *V.* o nosso "Código do Trabalho...", p. 985.

BIBLIOGRAFIA

ABRANTES, JOSÉ JOÃO NUNES
- "O Código do Trabalho e a Constituição", QL, Ano X, 22, 2003

AMADO, LEAL
- "Algumas notas sobre o regime do despedimento", VII CNDT, Memórias, Almedina, 2004

CORDEIRO, ANTÓNIO MENEZES
- "Da cessação do contrato de trabalho por inadaptação do trabalhador perante a Constituição da República (Parecer)", RDES, Ano XXXIII, 1991

FERNANDES, MONTEIRO
- "Direito do Trabalho", 12.ª Edição, Almedina, Coimbra, 2004

GOMES, JÚLIO/RAQUEL CARVALHO
- "Código do Trabalho – a (in)constitucionalidade das normas relativas à repetição do procedimento disciplinar e à reintegração", QL, n.º 22

MARTINEZ, ROMANO
- "Da Cessação do Contrato", Almedina, Coimbra, 2005

MARTINEZ, ROMANO E OUTROS
- Código do Trabalho Anotado, 2.ª edição, Almedina, Coimbra, 2004

MARTINS, FURTADO
- "Consequências do despedimento ilícito: Indemnização/Reintegração", Código do Trabalho – Alguns aspectos cruciais", *Principia*, 2003

MENDES, BAPTISTA
- "Código de Processo do Trabalho Anotado", *Quid Iuris*, 2000

PINTO, MÁRIO/FURTADO MARTINS/NUNES DE CARVALHO
- "Comentário às leis do trabalho", Vol. I, Lex, Lisboa, 1994

QUINTAS, PAULA
- "A *dificultosa* transposição da Directiva 98/59/CE, do Conselho, de 20 de Julho de 1998 (despedimentos colectivos) e a condenação do Estado português", *Scientia Iuridica*, n.º 302

QUINTAS, PAULA/QUINTAS, HELDER
- "Código do Trabalho – Anotado e Comentado", 4.ª edição, 2005, Almedina, Coimbra
- "Da prática laboral à luz do novo Código do Trabalho", 3.ª edição, 2006, Almedina, Coimbra
- "Regulamentação do Código do Trabalho", 3.ª edição, 2006, Almedina, Coimbra

RIBEIRO, JOÃO SOARES
- "Cessação do contrato de trabalho por inadaptação do trabalhador", IV CNDT, Almedina, 2002

SILVA, LUÍS GONÇALVES
- "Estudos de Direito do Trabalho (Código do Trabalho)", Vol. I, IDT, Almedina, 2004

XAVIER, BERNARDO
- "O despedimento colectivo no dimensionamento da empresa", Verbo, Lisboa, 2000

INDICE MINUTAS

Procedimento para despedimento por facto imputável ao trabalhador (despedimento com justa causa) 29
- Auto de ocorrência 29
- Termo de abertura 31
- Carta de notificação de testemunhas 33
- Auto de declaração de convocação pessoal de testemunhas 34
- Auto de inquirição de testemunha 35
- Auto de inquirição de testemunha 36
- Relatório preliminar 37
- Auto de abertura de procedimento disciplinar 39
- Nota de culpa 40
- Carta de notificação da nota de culpa com a respectiva intenção de despedimento 44
- Carta de remissão de cópia da comunicação da intenção de despedimento e da nota de culpa à Comissão de Trabalhadores. 46
- Termo de entrega da comunicação de despedimento e da nota de culpa 47
- Carta a enviar resposta à nota de culpa 48
- Resposta à nota de culpa 49
- Carta de notificação do trabalhador-arguido da data e local designados para inquirição das testemunhas por si arroladas 52
- Carta do arguido a solicitar nova data para inquirição de testemunha por si arrolada 54
- Auto de inquirição de testemunha 55
- Despacho de indeferimento de inquirição de testemunhas 56
- Carta de apresentação de cópia integral do procedimento disciplinar à Comissão de Trabalhadores 57
- Relatório Final 58
- Decisão final 63
- Carta de comunicação da decisão ao trabalhador 65
- Carta de remissão de cópia da comunicação da intenção de despedimento e da nota de culpa à Comissão de Trabalhadores 66

Procedimento para despedimento colectivo 71
- Comunicação à Comissão de Trabalhadores da intenção de proceder a despedimento colectivo, da solicitação de parecer prévio e de convocação para reunião de negociação 71

- Descrição dos motivos invocados para despedimento colectivo e de indicação dos critérios que servem de base para a selecção dos trabalhadores a despedir e do número de trabalhadores e das categorias profissionais abrangidos 76
- Carta de envio de cópia da comunicação aos serviços competentes do Ministério do Trabalho e da Segurança Social e convocação para reunião de negociação 78
- Acta de reunião de negociação 79
- Carta a comunicar a decisão de despedimento ao trabalhador 82
- Carta de envio de acta das reuniões de negociação e mapa de trabalhadores ao Ministério do Trabalho e da Segurança Social 84
- Mapa de trabalhadores 86
- Carta de envio de mapa à Comissão de Trabalhadores 87

Procedimento para despedimento por extinção de posto de trabalho 91
- Carta a comunicar à Comissão de Trabalhadores a necessidade de extinguir o posto de trabalho e o consequente despedimento 91
- Carta a comunicar ao trabalhador abrangido a necessidade de extinguir o posto de trabalho e o consequente despedimento 93
- Descrição dos motivos invocados para extinção do posto de trabalho com identificação da secção a que respeita e indicação da categoria profissional e do trabalhador abrangido 95
- Oposição do trabalhador ao despedimento por extinção do posto de trabalho ... 97
- Decisão 99
- Carta a comunicar a decisão de despedimento ao trabalhador 101
- Carta a enviar cópia de decisão de despedimento à comissão de trabalhadores 102

Procedimento para despedimento por inadaptação 107
- Carta a comunicar à Comissão de Trabalhadores a necessidade de fazer cessar contrato de trabalho por inadaptação do trabalhador e a solicitar emissão de parecer 107
- Carta a comunicar ao trabalhador abrangido a necessidade de fazer cessar o contrato de trabalho por inadaptação 109
- Indicação dos motivos invocados para a cessação do contrato de trabalho, das modificações introduzidas no posto de trabalho, dos resultados da formação ministrada, do período de adaptação facultado e da inexistência de outro posto de trabalhado compatível 111
- Oposição do trabalhador ao despedimento por inadaptação 114
- Decisão 116
- Carta a comunicar a decisão de despedimento ao trabalhador 119
- Carta a enviar cópia de decisão de despedimento à Comissão de Trabalhadores 120
- Carta a enviar cópia de decisão de despedimento ao Ministério do Trabalho e da Segurança Social 121

INDICE GERAL

PREFÁCIO	5
GLOSSÁRIO	7
1. Causas extintivas do contrato de trabalho	9
2. A caducidade	9
3. A revogação	11
4. A denúncia	12
5. A resolução	13
5.1. A resolução promovida pelo empregador	13
5.2. Despedimento por facto imputável ao trabalhador (despedimento com justa causa)	15
a) Conceito de justa causa	15
b) Princípios da adequabilidade e da proporcionalidade	22
c) Princípio da tempestividade	23
d) Procedimento disciplinar conformador da justa causa e o princípio da audição prévia	24
e) Princípio da presunção de despedimento com justa causa	25
f) Despedimento extra-judicial e judicial	25
g) Suspensão judicial do despedimento	25
Procedimento para despedimento por facto imputável ao trabalhador (despedimento com justa causa)	29
– *Auto de ocorrência*	29
– *Termo de abertura*	31
– *Carta de notificação de testemunhas*	33
– *Auto de declaração de convocação pessoal de testemunhas*	34
– *Auto de inquirição de testemunha*	35
– *Auto de inquirição de testemunha*	36
– *Relatório preliminar*	37
– *Auto de abertura de procedimento disciplinar*	39
– *Nota de culpa*	40

- *Carta de notificação da nota de culpa com a respectiva intenção de despedimento* 44
- *Carta de remissão de cópia da comunicação da intenção de despedimento e da nota de culpa à Comissão de Trabalhadores* 46
- *Termo de entrega da comunicação de despedimento e da nota de culpa* 47
- *Carta a enviar resposta à nota de culpa* 48
- *Resposta à nota de culpa* 49
- *Carta de notificação do trabalhador-arguido da data e local designados para inquirição das testemunhas por si arroladas* 52
- *Carta do arguido a solicitar nova data para inquirição de testemunha por si arrolada* 54
- *Auto de inquirição de testemunha* 55
- *Despacho de indeferimento de inquirição de testemunhas* 56
- *Carta de apresentação de cópia integral do procedimento disciplinar à Comissão de Trabalhadores* 57
- *Relatório Final* 58
- *Decisão final* 63
- *Carta de comunicação da decisão ao trabalhador* 65
- *Carta de remissão de cópia da comunicação da intenção de despedimento e da nota de culpa à Comissão de Trabalhadores* 66

5.3. Despedimentos objectivos 67
A) Despedimento colectivo 67
a) *Noção* 67
b) *Créditos devidos em caso de despedimento colectivo lícito* 70

Procedimento para despedimento colectivo 71
- *Comunicação à Comissão de Trabalhadores da intenção de proceder a despedimento colectivo, da solicitação de parecer prévio e de convocação para reunião de negociação* 71
- *Descrição dos motivos invocados para despedimento colectivo e indicação dos critérios que servem de base para a selecção dos trabalhadores a despedir e do número de trabalhadores e das categorias profissionais abrangidos* 76
- *Carta de envio de cópia da comunicação aos serviços competentes do Ministério do Trabalho e da Segurança Social e convocação para reunião de negociação* 78
- *Acta de reunião de negociação* 79
- *Carta a comunicar a decisão de despedimento ao trabalhador* 82
- *Carta de envio de acta das reuniões de negociação e mapa de trabalhadores ao Ministério do Trabalho e da Segurança Social* 84
- *Mapa de trabalhadores* 86
- *Carta de envio de mapa à Comissão de Trabalhadores* 87
B) Despedimento por extinção de posto de trabalho 88
a) *Noção* 88

b) Créditos devidos em caso de despedimento por extinção de posto de trabalho lícito	89
Procedimento para despedimento por extinção de posto de trabalho	91
– *Carta a comunicar à Comissão de Trabalhadores a necessidade de extinguir o posto de trabalho e o consequente despedimento*	91
– *Carta a comunicar ao trabalhador abrangido a necessidade de extinguir o posto de trabalho e o consequente despedimento*	93
– *Descrição dos motivos invocados para extinção do posto de trabalho com identificação da secção a que respeita e indicação da categoria profissional e do trabalhador abrangido*	95
– *Oposição do trabalhador ao despedimento por extinção do posto de trabalho*	97
– *Decisão*	99
– *Carta a comunicar a decisão de despedimento ao trabalhador*	101
– *Carta a enviar cópia de decisão de despedimento à comissão de trabalhadores*	102
C) Despedimento por inadaptação	103
a) Noção	103
b) Créditos devidos em caso de despedimento por inadaptação lícito	105
Procedimento para despedimento por inadaptação	107
– *Carta a comunicar à Comissão de Trabalhadores a necessidade de fazer cessar contrato de trabalho por inadaptação do trabalhador e a solicitar emissão de parecer*	107
– *Carta a comunicar ao trabalhador abrangido a necessidade de fazer cessar o contrato de trabalho por inadaptação*	109
– *Indicação dos motivos invocados para a cessação do contrato de trabalho, das modificações introduzidas no posto de trabalho, dos resultados da formação ministrada, do período de adaptação facultado e da inexistência de outro posto de trabalhado compatível*	111
– *Oposição do trabalhador ao despedimento por inadaptação*	114
– *Decisão*	116
– *Carta a comunicar a decisão de despedimento ao trabalhador*	119
– *Carta a enviar cópia de decisão de despedimento à Comissão de Trabalhadores*	120
– *Carta a enviar cópia de decisão de despedimento ao Ministério do Trabalho e da Segurança Social*	121
6. Combate aos *encerramentos selvagens*	122
7. Suspensão preventiva do despedimento	125
8. Causas de ilicitude do despedimento	125

9. Consequências creditórias e outras da ilicitude do despedimento ... 126
   9.1. Créditos de aplicação automática 127
   9.2. Créditos aplicáveis se demonstrado o respectivo nexo causal . 130

10. Direito de oposição à reintegração, no caso de despedimento imputável ao trabalhador 131

11. BIBLIOGRAFIA 133

12. INDICE DE MINUTAS 135

13. INDICE GERAL 137